TOMISMO ANALÍTICO

MARIO MICHELETTI

TOMISMO ANALÍTICO

DIRETOR EDITORIAL:
Marcelo C. Araújo

EDITORES:
Avelino Grassi
Márcio F. dos Anjos

TRADUÇÃO:
Benôni Lemos
Patrizia Collina Bastianetto

COORDENAÇÃO EDITORIAL:
Ana Lúcia de Castro Leite

COPIDESQUE:
Leila Cristina Dinis Fernandes

REVISÃO:
Eliana Maria Barreto Ferreira

DIAGRAMAÇÃO:
Juliano de Sousa Cervelin

CAPA:
Vinicio Frezza / Informart
Detalhe da obra de Benozzo Gozzoli,
"O triunfo de São Tomás de Aquino", 1471
Musée du Louvre, Paris

* Revisão do texto conforme o novo Acordo Ortográfico da Língua Portuguesa, em vigor a partir de 1º de janeiro de 2009.

Título original: *Tomismo analitico*
© Editrice Morcelliana, Brescia 2007

 Editora Idéias & Letras
Rua Pe. Claro Monteiro, 342 – Centro
12570-000 Aparecida-SP
Tel. (12) 3104-2000 – Fax (12) 3104-2036
Televendas: 0800 16 00 04
vendas@ideiaseletras.com.br
http//www.ideiaseletras.com.br

Dados Internacionais de Catalogação na Publicação (CIP)
(Câmara Brasileira do Livro, SP, Brasil)

Micheletti, Mario
Tomismo analítico / Mario Micheletti.
Aparecida, SP: Idéias & Letras, 2009.

Bibliografia
ISBN 978-85-7698-047-6

1. Análise (Filosofia) 2. Tomás, de Aquino, Santo, 1225?-1274 - Influência I. Título.

09-08078   CDD-128.1

Índices para catálogo sistemático:

1. Tomismo analítico: Filosofia 128.1

*A minha mãe,
e à memória de meu pai.*

Prefácio

Expressões como "tomismo analítico" e "tomismo wittgensteiniano" são de origem recente. Todavia, as tendências latentes nelas têm raízes mais remotas, entrelaçadas com alguns desenvolvimentos fundamentais da filosofia analítica.

A finalidade *limitada* de meu ensaio é a de esclarecer a origem dessas expressões e a de fornecer uma breve *resenha histórica* do tomismo analítico, mostrando os caminhos principais seguidos pela releitura analítica de Tomás de Aquino e o uso analítico dos recursos oferecidos pelo tomismo nos últimos decênios, e indicando uma bibliografia essencial que permita ao leitor orientar-se no âmbito desses estudos.[1]

Em Apêndice vem reimpresso, apenas com algumas atualizações bibliográficas nas notas, meu ensaio *La rinascita della*

---

[1] Um primeiro e preciso esboço deste ensaio saiu em forma de artigo na revista *Iride*: cf. M. Micheletti, "Il tomismo analitico. Una breve introduzione storica", in *Iride*, XVII (2004), p. 593-602. No mesmo fascículo de *Iride* apareceram outros estudos sobre Tomás de Aquino, redutíveis à problemática do tomismo analítico: F. Kerr, *Tommaso dopo Wittgenstein*, p. 603-617; J. Haldane, *La filosofia contemporanea della mente e il bisogno di tomismo analitico*, p. 619-729 (cf. F. Kerr, "Aquinas after Wittgenstein", in J. Jaldane [ed.], *Mind, Metaphysics aind Value in the Thomistic and Analytical Traditions*, University of Notre Dame Press, Notre Dame 2002, p. 1-17, e J. Haldane, *The Breakdown of Contemporary Philosophy of Mind*, ibid., p. 54-75); G. de Anna, *Percezione e realismo diretto in Tommaso d'Aquino*, p. 631-640. Cf. também M. Micheletti, *Il tomismo analitico*, in VV. AA., *La filosofia cristiana tra Ottocento e Novecento e il magistero di Leone XIII*. Atti del convegno, Perugia, 29 maggio – 1 giugno 2003, Archidiocesi di Perugia, Città della Pieve, Perugia, 2004, p. 377-388; A. Kenny, *The Reception of* Aeterni Patris *among Non-Christian Philosophers*, ibid., p. 389-392.

teologia naturale nella filosofia analitica, com o objetivo tanto de oferecer a possibilidade de se identificarem de modo mais preciso as orientações de tipo tomista *dentro* da recente *teologia filosófica analítica*, quanto de inserir o tomismo analítico numa perspectiva mais ampla, *às vezes também distante do tomismo como tal*, mas marcada pela retomada de temáticas metafísicas e de interesses teológicos específicos no contexto da filosofia analítica da religião.[2]

---

[2] M. Micheletti, "La rinascita della teologia naturale nella filosofia analitica", in *Hermeneutica 2005. Quale metafisica?*, Morcelliana, Brescia, 2005, p. 53-85.

Capítulo Primeiro

O "Tomismo Analítico": sua origem e seus objetivos

A expressão "tomismo analítico" tornou-se de uso comum principalmente depois da publicação, em 1997, de um fascículo monográfico de "The Monist", dedicado a essa tendência filosófica, e de um fascículo semelhante de "New Blackfriars", de 1999, contendo também uma bibliografia útil sobre o assunto, e depois que alguns filósofos de orientação analítica se denominaram justamente "tomistas analíticos", na esteira de John Haldane, que foi o idealizador dessa expressão, proposta por ele primeiramente como título de algumas conferências na Universidade de Notre-Dame, em 1992, a convite de Alasdair MacIntyre, e depois como título do fascículo do "The Monist" supracitado.[1]

Considerando-se o papel desempenhado por Haldane na difusão do tomismo analítico, é oportuno voltar aos textos nos

---

[1] Cf. "The Monist", LXXX (1997), n. 4 (a *Prefatory Note* é de J. Haldane); "New Blackfriars", LXXX (1999), n. 938; J. Haldane, *Atheism and Theism,* in J. J. C. Smart e J. Haldane, *Atheism & Theism,* Blackwell, Oxford, 1996, p. 89-90, 115; J. Haldane, *Faithful Reason,* Routledge, London, New York, 2004, p. x. Cf. também C. F. J. Martin, *Thomas Aquinas. God and Explanations,* Edinburgh U. P., Edinburgh 1997, p. XII, e ainda "New Blackfriars", LXXX (1999), n. 938, p. 189 (todavia, nas p. 190-191, Martin observa que, relativamente ao tomismo, a filosofia analítica tem uma perspectiva mais limitada, e lamenta o caráter a-histórico assumido na maioria das vezes pela pesquisa em âmbito analítico e o isolamento cultural e linguístico no qual podem vir a encontrar-se os filósofos analíticos).

quais ele se esforça para delinear as características essenciais dessa tendência ou abordagem metodológica. Em *Faithful Reason* Haldane recorda que, em suas conferências na Universidade de Notre-Dame, em 1992, tratou de modo sistemático algumas questões fundamentais de metafísica, de epistemologia e de filosofia da mente. A expressão "tomismo analítico" surgiu nessa circunstância; foi escolhida por Haldane porque a tradição filosófica à qual ele pertencia, e da qual ele procurava uma síntese com o pensamento de Tomás, era justamente a filosofia analítica. Ele recorda que, nos anos seguintes, a difusão dessa expressão cunhada por ele foi acompanhada de críticas, seja de alguns tomistas, que temiam que se quisesse reivindicar para a abordagem de tipo analítico uma superioridade substancial sobre as outras modalidades de ler o Aquinate, seja de filósofos católicos hostis ao tomismo, receosos de que uma aliança entre as ideias de Tomás e o estilo e os métodos da filosofia analítica pusesse obstáculos aos esforços de conciliação do pensamento católico com as perspectivas filosóficas dos principais pensadores continentais pós-modernos. Em resposta ao primeiro grupo de opositores, de matriz tomista, Haldane invoca a ideia da complementaridade na diversidade, sugerindo que onde a tendência analítica e a tradicional diferem, com exceção do estilo, é possível que uma proporcione o que falta à outra: por exemplo, as abordagens analíticas da verdade, da referência e da lógica põem em evidência distinções e desenvolvimentos teóricos possíveis que podem integrar-se utilmente à orientação tradicional dos estudos tomistas. Por outro lado, os tratados tomistas de psicologia moral, de teologia filosófica e de ontologia fazem referência a ideias que nem sempre estão presentes nos filósofos analíticos. Quanto ao segundo grupo de críticos, Haldane reconhece, com eles, a afinidade entre filosofia tomista e análise filosófica na orientação do pensamento prevalentemente realista e racionalista, mas, à diferença deles, considera essa afinidade aceitável e não problemática. Ligando-se ao estilo filosófico de Elizabeth Anscombe e Peter Geach, que coloca entre os progenitores do "tomismo analítico", Haldane observa que aquilo de que o pensamento filosófico tem necessidade e cujos recursos são oferecidos por Tomás de Aquino é uma clara descrição da estrutura inteligível da realidade e dos princípios apropriados de ação (em relação com os problemas de ética, mas também de filosofia social e estética), junto com um método que permita pôr realmente esses fenômenos em relação entre si. A apresentação de descrições filosóficas claras e de "representações perspícuas" (Wittgenstein) é considerada como uma parte importante do projeto do "tomismo analítico", junto, porém, com o tratado de questões metafísicas sobre a natureza da mente e da realidade e junto com as tentativas de mostrar que, na perspectiva da teologia natural, a reflexão sobre a natureza oferece razões para se crer na existência de Deus.[2]

Em uma de suas várias tentativas de reconstrução histórica do tomismo analítico, Haldane sugere que entre suas raízes remotas possa ser incluído também certo tipo de aristotelismo, presente na tradição analítica inglesa.[3]

Em um recente escrito meu, acenando para a presença de estudos sobre a filosofia antiga e, em particular, sobre Aristóteles na própria filosofia analítica, referi-me não só ao fato de que, por exemplo, Anscombe escreveu um importante ensaio sobre o

---
[2] J. Haldane, *Faihful Reason, cit.*, p. X-XI.
[3] J. Haldane, "Thomism, analytical", in *The Oxford Companion to Philosophy,* ed. T. Honderich, Oxford U. P., Oxford, New York, 1995, p. 875.

conceito de substância em Aristóteles, como também A. Kenny publicou um significativo volume sobre *Aristotle on the Perfect Life*, e J. O. Urmson, sobre *Aristotle's Ethics,* e as contribuições de John McDowell, Thomas Nagel, David Pears. J. O. Urmson, David Wiggins e Bernard Williams constituem uma boa parte dos eruditos *Essays on Aristotle's Ethics,* mas também me referi à presença de Aristóteles e da filosofia antiga na raiz da formação dos filósofos analíticos britânicos. Não é casual que Ryle tenha publicado um importante volume sobre a evolução do pensamento de Platão; mas principalmente seu discurso sobre as categorias e sobre os erros de categoria não é pensável fora do esquema aristotélico. A dívida de J. L. Austin para com Aristóteles e a tradição aristotélica em Oxford é também evidente, se bem que pouco estudada.[4]

Haldane, acentuando a significativa tendência filosófica que põe em relação recíproca os estilos e as preocupações da recente filosofia da língua inglesa e os conceitos e os interesses típicos de Tomás de Aquino e de seus seguidores, também nota que essa impostação metodológica pode ser ligada à de filósofos de Oxford, como Austin e Ryle, que "procuram reintroduzir na análise do pensamento e da ação certos conceitos, como os de capacidades e disposições, que eram pré-eminentes na filoso-

---

[4] M. Micheletti, "Alcuni aspetti della recente rinascita della 'filosofia pratica'", in W. Bernardi e D. Massaro (eds.), *La cura degli altri. La filosofia come terapia dell'anima,* Università degli Studi di Siena, Dipartimento di Studi Storico-Sociali e Filosofici, Arezzo, 2005, p. 20. Cf. G. E. M. Anscombe, "Aristotle", in G. E. M. Anscombe e P. T. Geach, *Three Philosophers,* Blackwell, Oxford, 1963, p. 1-63; A. Kenny, *Aristotle on the Perfect Life,* Oxford U. P., Oxford, 1992; J. O. Urmson, *Aristotle's Ethics,* Blackwell, Oxford, 1988; A. Oksenberg Rorty (ed.), *Essays on Aristotle's Ethics,* University of California Press, Berkeley, Los Angeles, London, 1980; G. Ryle, *Plato's Progress,* Cambridge U. P., Cambridge, 1966.

fia aristotélica".[5] "Filósofos notáveis, como Gilbert Ryle e J. L. Austin, recorreram a categorias aristotélicas *lato sensu* em relação a importantes questões de filosofia da mente e de psicologia moral."[6] O objeto e os métodos da filosofia oxfordiana, mesmo sendo conexos com os de Aristóteles, diferenciam-se deles naturalmente pela preferência dada à semântica e à análise da linguagem. "Os 'aristotélicos analíticos' exploravam a contraparte linguística daquilo que nas obras do passado, compreendidas as de Santo Tomás e as dos escolásticos aristotélicos posteriores, era apresentado no contexto de categorias ontológicas."[7]

As principais áreas de interesse dos tomistas analíticos são identificadas por Haldane nos temas da intencionalidade, da ação, da teoria das virtudes, da antropologia filosófica, da causalidade e do essencialismo. Naturalmente, a identificação de tomistas *analíticos* se ressente da dificuldade de uma definição unívoca de "filosofia analítica" diante da complexidade histórica da *tradição* analítica. Segundo Haldane, a expressão "tomismo analítico" permite identificar alguns aspectos importantes dos escritos, não só de Elizabeth Anscombe, Peter Geach e Anthony Kenny, mas também de pensadores cuja colocação na tradição analítica é mais problemática, como Donagan, Grisez e MacIntyre.[8] Em outro lugar, examinando a situação do tomismo no contexto cultural

---

[5] J. Haldane, *Thomism, analytical, cit.*, p. 875.
[6] J. Haldane, *Faithful Reason, cit.*, p. 12.
[7] Id., p. 186. Cf. ibidem: "One possible reason, then, why some Catholic philosophers were content to follow the mainstream rather than to branch out on their own was that this stream continued the direction of flow of their own intellectual tradition. The explanation in the case of many others is likely to be much simpler, viz. that they were educated in mainstream analytical philosophy".
[8] J. Haldane, *Thomism, analytical, cit.*, p. 875.

atual, Haldane recordou que, como na cultura de língua inglesa, ao lado do crescente interesse de filósofos analíticos, na esteira da Anscombe, de P. Geach e de A. Kenny, que usam os recursos tomistas para tratarem de problemas filosóficos contemporâneos, deve-se pôr o renascimento de estudos *históricos* sobre Tomás, também com referência àqueles historiadores da filosofia que não hesitam em valer-se de instrumentos analíticos no estudo do tomismo. "Esse segundo grupo (prevalentemente estadunidense) é representado principalmente por estudiosos que se formaram na Cornell University, sob a direção de Norman Kretzmann, e em Notre-Dame, na escola de Ralph McInerny."[9]

Em um artigo recente, escrito em colaboração com Patrick Lee, Haldane atribui a Peter Geach o papel principal no começo do tomismo analítico; antes, observa ele, eram raras as referências a Tomás na filosofia não tomista de língua inglesa, e geralmente essas raras referências diziam respeito à ética da lei natural e à teologia natural. A situação começou a mudar justamente depois da publicação, em fins dos anos 1950, dos escritos de Peter Geach, nos quais ele recorre a Tomás para esclarecer questões de metafísica, de filosofia da mente e de metaética, e depois do aparecimento, em 1961, de seu longo ensaio *Aquinas*; daí em diante é mais fácil ver referências e discussões das ideias de Tomás sobre substância e causalidade, sobre a mente, o conhecimento e a ação, bem como encontrar discussões mais amplas e aprofundadas de sua teologia filosófica e de sua filosofia moral, política e jurídica.[10]

---

[9] J. Haldane, *Thomism,* in "Routledge Encyclopedia of Philosophy", Routledge, London, New York, 1998, vol. 9, p. 380-388 (em particular, p. 386).
[10] J. Haldane e P. Lee, "Aquinas on Human Ensoulment. Abortion and the Value of Life", in *Philosophy,* LXXVIII (2003), p. 255-278 (em particular p. 255-256).

A possibilidade de servir-se de Tomás pressupõe, de resto, uma afinidade mais radical entre o tomismo e a prática atual da análise filosófica. Para Haldane, "grande parte do espírito do aristotelismo escolástico sobrevive na filosofia analítica".[11] Apesar dos defeitos que podem ser encontrados na filosofia analítica, entre os quais principalmente certa ausência de senso histórico e a falta de "amor pela sabedoria" (presente, contudo, em um filósofo de relevo como Wittgenstein), para Haldane é um sério erro "apresentar a filosofia analítica como antimetafísica, cética e niilista", porque "mesmo tendo necessidade de aperfeiçoamento", ela pode, em bom direito, reivindicar para si o papel de "principal herdeira do racionalismo filosófico ocidental".[12]

Quando, como vimos em *Faithful Reason*, Haldane acena para certa resistência de alguns filósofos tomistas diante do "tomismo analítico" apresentado por ele, Haldane faz referência em particular a um artigo de Brian J. Shanley publicado

---

[11] J. Haldane, "The Spirit of Thomism and the Task of Renewal", in J. McEvoy & M. Dunne (eds.), *Thomas Aquinas: Approaches to Truth,* Four Courts Press, Dublin, 2002, p. 68.

[12] J. Haldane, *Faithful Reason, cit.*, p. 13. O capítulo no qual se encontram essas observações tem o título de *Thomism and the Future of Catholic Philosophy.* Cf. J. Haldane, "Thomism and the Future of Catholic Philosophy", in *New Blackfriars*, LXXX (1999), p. 159-171. Cf. também J. Haldane, *The Spirit of Thomism and the Task of Renewal, cit.*, p. 70-71: "However, their ways of approaching philosophical questions are generally characterised by two omissions which, I believe, represent serious intellectual and – in a broad sense – moral, or as I shall argue later 'spiritual', deficiencies. First, analytical enquiries usually lack an appreciation of their own socio-historical context, and second, they are almost always conducted without any notion of the telos or goal of philosophy as such... They lack any account of why the pursuit of metaphysical truth should be of importance in a human life". Lamentando nos filósofos analíticos a cisão entre argumentação "dialética" (no sentido clássico do termo) e formação espiritual, Haldane menciona entre as exceções ainda uma vez Wittgenstein e seus discípulos Malcolm e Rhees (ibid., p. 70).

em "The Thomist" em 1999, no qual as objeções de fundo se referiam à possibilidade de considerar a concepção tomasiana do *esse* (ser) como *actus essendi* compatível com a interpretação de existência dada por Frege posteriormente. No citado artigo, o autor se refere, em geral, à tendência de "domesticar" Tomás em metafísica, de modo a fazê-lo entrar nas categorias analíticas, e nesse artigo também é criticada a pouca familiaridade dos tomistas analíticos com os estudos não analíticos sobre Tomás.[13] Em sua obra recente sobre *The Thomist Tradition*, Shanley, mesmo continuando a participar, com alguns adversários do tomismo analítico, de temores e preocupações de tipo metafísico e epistemológico, vê com mais simpatia as perspectivas de um "frutuoso intercâmbio entre tomistas e filósofos formados na tradição analítica", dando razão a Haldane quando sustenta que o tomismo corre o risco de estagnação e

---

[13] B. J. Shanley, "Analytical Thomism", in *The Thomist*, LXIII (1999), p. 125-137. O artigo passa em revista os estudos que apareceram no fascículo de "The Thomist", de 1997, supracitado. Não faltam, aliás, apreciações sobre algumas leituras epistemológicas de Tomás (p. 134-135) e acenos de abertura ao diálogo e ao confronto: "Thomists not trained in analytic philosophy can learn much from analytical readers of Aquinas. Analytic Thomists can help non-Analytic Thomists to see new themes in Aquinas, to pose new questions to him, to push his thought in new directions, to acknowledge areas where his thinking is no longer tenable, and so bring his thought into the contemporary arena. The logical and argumentative rigor of the best analytic philosophy can indeed be a necessary corrective to overly pious expository readings of Aquinas; St. Thomas himself can stand such scrutiny, even if some of his followers cannot" (p. 136). Entre os estudiosos que contribuíram para a discussão sobre o tomismo analítico, sobre "The Monist", Shanley podia encontrar um gancho em algumas anotações polêmicas de S. Theron, "The Resistance of Thomism to Analytical and Other Patronage", in *The Monist*, LXXX (1997), p. 611-618. A significação de "tomismo analítico" nem sempre é destacada em ambientes tomistas; por exemplo, essa tendência é ignorada em um livro dedicado à atualidade de Tomás, como VV. AA. *Thomistes, ou de l'actualité de saint Thomas d'Aquin*, Parole et silence, Toulouse, 2003.

isolamento no mundo de língua inglesa se não aprender a dialogar com os filósofos analíticos.[14] Com efeito, Brian J. Shanley reconhece agora abertamente que a mais nova e importante tendência emergente no tomismo, nos últimos decênios, é a que está em conexão com o interesse crescente por Tomás de Aquino entre os filósofos de formação analítica. Shanley indica Peter Geach como o primeiro filósofo importante a inserir Tomás no debate analítico contemporâneo, em particular com seu ensaio *Aquinas,* de 1961. Também o interesse constante, se bem que parcialmente crítico, de Anthony Kenny pelo Aquinate influiu de modo relevante, segundo Shanley, para suscitar e reforçar o interesse analítico pelo tomismo. Shanley menciona enfim, além da versão do tomismo em ética, defendida por Alasdair MacIntyre, duas tendências recentes que contribuíram para a renovação do interesse pelo tomismo em relação à filosofia analítica:

1) o aparecimento, na história da filosofia medieval, de tratados influenciados pela recente análise filosófica, como foi evidenciado pela *Cambridge History of Later Medieval Philosophy* de 1982 (sob a direção de N. Kretzmann, A. Kenny e J. Pinborg);

2) o fato de que Tomás de Aquino se tornou uma fonte filosófica de grande relevo para muitos filósofos analíticos inte-

---

[14] B. J. Shanley, *The Thomist Tradition,* Kluwer Dordrecht 2002, p. 19. Assim Shanley retoma as objeções feitas por Theron no ensaio citado na nota precedente: "Specifically, Theron asserts that Geach's metaphysical commitment to Frege leads him to downplay the role of existence in Aquinas and so make him into an essentialist; on the epistemological side, Theron claims that Geach compromises Aquinas's realism by giving too great a role to the spontaneity of the intellect in concept formation" (ib.).

ressados em argumentos de filosofia da religião (especialmente Brian Davies, Norman Kretzmann e Eleonore Stump).[15]

Roger Pouivet, que, em um livro publicado em 1997, *Après Wittgenstein, saint Thomas,* referiu-se especificamente ao "tomismo wittgensteiniano",[16] expôs, em um ensaio recente, algumas das características principais do "tomismo analítico" em sentido amplo. Em sua opinião, "a leitura analítica de santo Tomás levou ao desenvolvimento de um tomismo analítico bastante diferente do neotomismo de inspiração eclesial do fim do século XIX e dos trabalhos de Étienne Gilson e Jacques Maritain".[17] Deve-se notar que, no uso hodierno, a expressão "tomismo analítico" se refere propriamente apenas à *segunda* das *duas* "escolas" que Pouivet identifica no século XX: a primeira, segundo ele, é a dos filósofos poloneses do Círculo de Cracóvia nos anos 1930 (Jósef Bocheński, Jan Salamucha, Jan Drewnowski e B. Sobociński); a segunda escola é a que começou na Grã-Bretanha na década de 1950, com Elizabeth Anscombe, Peter Geach e Anthony Kenny. "Hoje ela se desenvolve principalmente na filosofia de língua inglesa. Apesar de, pelas suas características, estar ligado à contemporaneidade – observa Pouivet –, o tomismo analítico conservou o espírito dos problemas postos pelo Aquinate".[18] A diferença entre as duas impostações é assim sintetizada:

---

[15] Ib., p. 17-20. Cf. P. T. Geach, *Aquinas,* in G. E. M. Anscombe e P. T. Geach, *Three Philosophers, cit.,* p. 65-125; N. Kretzmann, A. Kenny, J. Pinborg (eds.), *The Cambridge History of Later Medieval Philosophy,* Cambridge U. P., Cambridge, 1982 (reimpressão 2000).

[16] R. Pouivet, *Après Wittgenstein, saint Thomas,* P.U.F., Paris, 1997. Cf. R. Pouivet, "Le thomisme analytique, à Cracovie et ailleurs", in *Revue Internationale de Philosophie,* LVII (2003), p. 251-270.

[17] R. Pouivet, "Introduction", in *Revue Internationale de Philosophie,* LVII (2003), n. 225, *Philosophie analytique de la religion,* p. 226.

[18] R. Pouivet, *Le thomisme analytique, à Cracovie et ailleurs,* ibid., p. 251.

O tomismo analítico do Círculo de Cracóvia era uma reconstrução lógica de algumas provas centrais da teologia natural de santo Tomás. Era um tomismo rigorosamente lógico com uma esfera limitada de interesses. O tomismo que se desenvolveu na filosofia analítica se ocupa de uma área temática mais vasta, integrando em si a metafísica, a filosofia da mente e a filosofia da ação e da sociedade.[19]

Os principais filósofos que Pouivet inclui na denominação de "tomismo analítico" são precisamente Peter Geach, Elizabeth Anscombe e Anthony Kenny, e também John Haldane, Brian Davies, David Braine, e dois estudiosos e exegetas de Tomás como Norman Kretzmann e Ralph McInerny. Nessa perspectiva, o parentesco metodológico e estilístico entre a filosofia escolástica e a filosofia analítica, no passado sublinhado mais de uma vez em tons elogiosos ou irônicos, assume uma fisionomia mais criticamente consciente.

Pode-se aproximar dessa nota a observação de Christopher Hughes referente, de modo específico, à filosofia analítica *da religião,* segundo o qual "sob muitos aspectos, a evolução da filosofia da religião analítica constitui um retorno à escolástica".[20] A história da filosofia analítica acaba repropondo problemáticas e posições filosóficas já formuladas por filósofos medievais e particularmente por Tomás de Aquino, relidas em chave analítica. De resto, o tomismo analítico participa da concepção da história da filosofia no sentido de uma reconstrução, principalmente teórica, amplamente difundida na filo-

---

[19] Id., p. 270.
[20] C. Hughes, *Filosofia della religione*, in F. D'Agostini e N. Vasallo (eds.), *Storia della filosofia analitica,* Einaudi, Torino, 2002, p. 424. Cf. agora também C. Hughes, *Filosofia della religione. La prospettiva analitica,* Laterza, Roma-Bari, 2005.

sofia analítica. "Hoje apelar para santo Tomás – diz Pouivet – significa fazer filosofia. A preocupação não é principalmente histórica".[21] Essa conexão entre estudo histórico e aplicação aos problemas contemporâneos, com a confiança comum de filósofos analíticos e tomistas no estilo filosófico *argumentativo,* é sublinhada também por Hayden Ramsay, que, de um lado, observa que uma "característica válida do pensamento analítico é seu respeito pela união entre a interpretação fiel de textos e a aplicação das ideias aos problemas contemporâneos – ponto que, como sustenta Haldane, representa também o tomismo em seus aspectos melhores"; por outro lado, Ramsay recorda tanto a convergência com muitos filósofos analíticos sobre temas como "conhecimento objetivo, princípios racionais e cognitivismo ético", como as razões de gratidão de filósofos analíticos para com o tomismo "no tocante à filosofia moral" (com referência particular a Elizabeth Anscombe e a Philippa Foot).[22] Scott MacDonald, na introdução ao volume preparado por ele, *Being and Goodness. The Concept of the Good in Metaphysisc and Philosophical Theology* (1991), já tinha notado que uma exploração aprofundada das teorias de Tomás encontrava uma justificação sua, além de na importância atribuir-se à tradição tomista na história da filosofia, também e principalmente em razões puramente filosóficas, no sentido de que as posições filosóficas representativas daquela tradição são interessantes, independentemente de considerações de tipo histórico, e podem oferecer contribuições signi-

---

[21] R. Pouivet, *Le Thomisme analytique, à Cracovie et ailleurs, cit.*, p. 258.
[22] Cf. a intervenção de Hayden Ramsay in *New Blackfriars*, LXXX (1999), n. 938, p. 197-198.

ficativas às discussões contemporâneas em metafísica, ética e teologia filosófica.[23]

William Hasker, por seu lado, considera particularmente interessante o confronto da *filosofia analítica da religião* com o tomismo, porque encontra "uma ampla convergência entre as duas tendências filosóficas, tanto nas temáticas tratadas como no estilo geral com o qual elas são tratadas". Naturalmente, observa Hasker, os filósofos analíticos às vezes criticam, modificam e em alguns casos refutam as posições tomistas. "Desse modo, com efeito, escavam no pensamento de Tomás e de outros filósofos medievais, encontrando neles ideias que podem desafiar e enriquecer a teologia filosófica contemporânea".[24]

Alguns estudiosos sublinharam que uma característica do novo modo de aproximar-se dos textos de Tomás e do uso dos recursos tomistas em filosofia é o fato de que, ao lado de estudiosos influenciados pelo tomismo e pelas formas que ele assumiu depois de seu renascimento entre os séculos XIX e XX, encontram-se em número crescente filósofos que não são particularmente ligados ao tomismo como orientação filosófica ou religiosa: filósofos de diferentes formações, incluindo muitos que provêm da principal corrente da filosofia anglo-americana, da tradição analítica, começaram a explorar seriamente as teses

---

[23] S. MacDonald, *Introduction,* in S. MacDonald (ed.), *Being and Goodness. The Concept of the Good in Metaphysics and Philosophical Theology,* Cornell U. P. Ithaca, London, 1991, p. 2. Entre os ensaios incluídos neste volume é particularmente importante o seguinte: E. Stump, N. Kretzmann, *Being and Goodness,* p. 98-128. Cf. ainda sobre o tomismo nas diversas perspectivas contemporâneas, B. Davies (ed.), *Thomas Aquinas. Contemporary Philosophical Perspectives.* Oxford, U. P., Oxford, 2002.

[24] W. Hasker, "Analytic Philosophy of Religion", in W. J. Wainwright (ed.), *The Oxford Handbook of Philosophy of Religion,* Oxford U. P., Oxford, 2005, p. 421-446 (em particular, p. 441-442).

de Tomás e a justificá-las, numa grande variedade de campos de pesquisa, de modo que "Tomás adquire um lugar cada vez mais amplamente reconhecido nas discussões profissionais de toda a comunidade filosófica de língua inglesa".[25] Naturalmente existe também o fenômeno inverso, tornado evidente, por exemplo, pela admissão de A. J. Lisska, de ter usado os instrumentos da filosofia analítica para esclarecer o sentido dos argumentos que se encontram nos textos da filosofia medieval e particularmente em Tomás de Aquino, com a convicção de que os textos do Aquinate permitem, ou até, em certos casos, exigem, uma explicação congruente com as expectativas de filósofos pertencentes à tradição analítica.[26]

Foi sustentado justamente que o tomismo analítico não deve ser entendido como um *movimento,* mas como uma *abordagem metodológica* de Tomás, a qual *requer também* a interpretação de seu pensamento nos termos técnicos da filosofia analítica, sem, todavia, que isso signifique sua tradução na ideia deste ou daquele filósofo ou nesta ou naquela tese.[27] Nessa perspectiva, não basta que se discutam teses de Tomás para que se possa falar de "tomismo analítico", sendo necessário que a pessoa tenha interesse em sustentar essas teses e esteja aberta a criticá-las e a

---

[25] S. Macdonald, E. Stump, "Introduction", in *Aquinas's Moral Theory,* Essays in Honor of Norman Kretzmann, Cornell U. P., Ithaca, London, 1998, p. 1. Entre os ensaios contidos nesta obra são especialmente interessantes os de A. Kenny, *Aquinas on Aristotelian Happines,* p. 15-27; E. Stump, *Wisdom: Will, Belief and Moral Goodness,* p. 28-62; G. B. Matthews, *Saint Thomas and the Principle of Double Effect,* p. 63-78; S. MacDonald, *Practical Reasoning and Reasons – Explanations. Aquinas's Account of Reason's Role in Action,* p. 133-160.
[26] A. J. Lisska, *Aquinas's Theory of Natural Law. An Analytic Reconstruction,* Clarendon Press, Oxford, 1996, p. VII, 10-11.
[27] Cf. G. De Anna, *Realismo metafisico e rappresentazione mentale. Un'indagine tra Tommaso d'Aquino e Hilary Putnam,* Il Poligrafo, Padova, 2001, p. 37.

defendê-las com os meios da tradição analítica. Não se trata nem sequer de inserir as posições de Tomás nos modelos conceituais da filosofia analítica, mesmo porque não é possível fazê-lo sem dificuldades, nem de forçar a própria reconstrução de seu pensamento para fazê-lo entrar neles, mas de aproveitar aquelas dificuldades para levantar dúvidas sobre os limites das distinções contidas nesses modelos. O que importa aos tomistas analíticos é, em definitivo, *a força argumentativa* das teses de Tomás e a *sustentabilidade racional* delas, uma vez que são justamente o processo argumentativo e o rigor racional que tornam o pensamento de Tomás semelhante ou ao menos compatível com a tradição analítica.[28]

---

[28] Ibidem, p. 38-40.

Capítulo Segundo

O "Tomismo Wittgensteiniano"

Os aspectos nos quais, em âmbito analítico, se verifica comumente a aproximação de Wittgenstein a Tomás de Aquino são o conceito de "mente", como se segue da crítica anticartesiana de Wittgenstein, o "externismo" em epistemologia, a crítica do assim chamado "representacionalismo" e a concepção da intencionalidade, a ser entendida, portanto, mais em relação com a descrição da atividade das pessoas do que como propriedade dos atos de consciência.

Nos estudos sobre esse argumento, o acento, como vimos, é colocado no novo começo constituído pelo ensaio *Aquinas* (1961) de P. T. Geach. Aqui, na realidade, Geach, um dos principais discípulos de Wittgenstein, tratou decididamente também de temas de metafísica, em particular, examinando alguns termos fundamentais de Tomás de Aquino (matéria, forma, *esse*, operação, inclinação ou apetite), e discutindo suas teses principais no âmbito da teologia natural, principalmente o uso de "Deus" como termo geral, a legitimidade de se pôr, a respeito do mundo, o tipo de questões causais que surgem em relação a suas partes, o sentido de uma necessidade ou contingência diferentes da necessidade ou contingência *lógica* de algumas afirmações existenciais, enfim, a coerência da doutrina segundo a qual Deus *é* sua natureza, suas propriedades, seu *esse* (seu ser).

É significativo, em particular, o modo pelo qual Geach aborda o tratado de Tomás sobre *forma* e *esse*. Um passo decisivo dado pelo Aquinate na solução do emaranhado de problemas concernentes à *noção* de forma, segundo Geach, foi sua formulação de uma teoria lógica da predicação, com base na qual um termo geral significa de modo radicalmente diferente quando é sujeito lógico e quando é predicado. "Na posição de sujeito, o termo geral se refere a uma coisa concreta (*suppositum*), ao passo que na posição de predicado, ele se refere ou a uma forma ou a uma natureza (essência)."[1] Para se apreender o sentido da via indicada nesse âmbito da teoria da predicação de Tomás, Geach convida o leitor a considerar o uso da preposição "de" (ou, em latim, do genitivo correspondente) na locução "a sabedoria de Sócrates". "Os filósofos – observa Geach – procuram construir essa locução no sentido de 'a sabedoria que pertence a Sócrates', e se perguntam qual tipo de entidade é a sabedoria e qual tipo de relação é significada aqui mediante 'pertence a.'" Seria como interpretar a locução "a raiz quadrada de 4" como significando "*a* raiz quadrada que pertence a 4".

> Essas discussões, segundo Wittgenstein, são semelhantes a mal-entendidos bárbaros da linguagem do homem civilizado... Devemos dividir "a sabedoria de/Sócrates" segundo o modo mostrado: a primeira parte da locução (ou, melhor, a circunstância que é seguida pelo nome de uma pessoa) é o sinal de uma *forma;* o "de", ou o genitivo, não significa uma relação especial, mas simplesmente indica que o sinal de uma forma tem necessidade de ser completado pelo sinal de um objeto do qual é forma. "Sabedoria" *tout court* não significa nada no céu ou na terra; a sabedoria é sempre sabedoria-de, como propõe Tomás, é de-alguma coisa *(entis, "do ser"),* e não essa mesma alguma coisa *(ens, "ser")...* Podemos agora voltar à predicação "Sócrates é

---

[1] P. T. Geach, *Aquinas, cit.*, p. 76.

sábio". Para o Aquinate, a mesma forma é significada pelo predicado "– é sábio" e por "a sabedoria de –", que requer o mesmo tipo de completamento, sendo diferente só a maneira da referência à forma (*modus significandi*). Em "Sócrates é sábio" usamos uma expressão numa forma de compreendermos a suposição de essa forma ser uma forma de um dado indivíduo; e usamos "a sabedoria de Sócrates" quando queremos falar *de* essa forma, fazer de *essa* forma o objeto de nosso discurso.[2]

Para Geach, o Aquinate é, portanto, radicalmente antiplatônico no tocante às formas. Que tipo de entidade é significado por expressões como "o ser vermelho de A" ou "aquilo pelo que A é vermelho"? Geach, para evitar perigos de ambiguidade, não excluídos de todo nem pela analogia matemática, por ele engenhosamente elaborada, com sinais funcionais completáveis por sinais numéricos, propõe falar, "afastando-se o mínimo possível do estilo tomasiano de linguagem e pensamento", de entidades simbolizadas por predicados ou por expressões do tipo "a sabedoria de..." como de *formas, tout court;* e de entidades simbolizadas por expressões do tipo "a sabedoria de Sócrates" como *formas individualizadas*.[3]

Quanto à concepção de *esse* em Tomás, Geach sublinha que ela depende de haver um sentido da forma verbal "*est*" ou "é" totalmente diferente do sentido de "há", e propõe que se exprima a diferença entre os dois sentidos de "é", observando-se que se pode dizer "ser" de uma pessoa no sentido de que no presente ela é atualmente existente, ao passo que quando dizemos que "há" um x (o x está aí por um termo geral), dizemos, relativamente a um tipo ou a uma descrição de coisas, que há ao menos uma coisa de tal tipo ou de tal descrição.

---

[2] Ibid., p. 77-78.
[3] Ibid., p. 80.

Frege tinha bem clara essa distinção, embora, como lógico *matemático*, não tivesse interesse especial por asserções de atualidade presente. É uma grande desventura que Russell tenha repetido dogmaticamente que o sentido do verbo "substantivo" "ser" no sentido de "há" é o único que a lógica pode reconhecer como legítimo, porque o outro significado – a atualidade presente – é de enorme importância em filosofia.[4]

Temas de caráter metafísico são tratados por Geach também em *God and the Soul* (1969), no qual, a propósito de "forma e existência", discute também a noção de *"actus essendi"* ("ato de ser") em Tomás, mas sobretudo mostra que a distinção real entre uma forma e o *suppositum* corresponde, para Tomás, à distinção lógica entre sujeito e predicado. "Há alguma coisa *pela qual* um predicado *está,* e é somente a ela que podemos atribuir significativamente unicidade ou multiplicidade", segundo uma consideração lógica que vale tanto para as formas do Aquinate quanto para os *Begriffe* (*conceitos*) de Frege.

Tratando de "causalidade e criação", Geach recorda que, para Tomás, ao menos as três primeiras "vias", a respeito da existência de Deus, eram demonstrações lógicas, fundadas na "lógica das proposições causais", e observa que as objeções gerais contra a utilidade das deduções são ou banais ou falazes.[5] O modo pelo qual Tomás trata o tema da onipotência é discutido por Geach no contexto de *lectures* de 1971-1972, dedicadas mais a temas de teodiceia e reunidas em *Providence and Evil*.[6]

---

[4] Ibid., p. 90-91.
[5] P. T. Geach, *God and the Soul,* Routlede & Kegan Paul, London, 1969, p. XI, 42, 44-45, 77-79.
[6] P. T. Geach, *Providence and Evil,* Cambridge U. P., Cambridge, 1977, p. 24ss.

Em *Logic Matters* (1972), no capítulo significativamente intitulado "Logic in Metaphysics and Theology", no contexto de um ataque à teoria da predicação pelo qual em uma predicação afirmativa o sujeito é um nome e também o predicado é um nome, e a predicação é verdadeira somente se o nome-sujeito e o nome-predicado estiverem pela mesma coisa, Geach observa que também Tomás critica essa teoria, sustentando que o que pode ser predicado com verdade depende não só do que o termo-sujeito significa, mas também do *modus significandi* do termo-sujeito.[7]

Se a esse tipo de tese se ligarem as teses anteriormente propostas por Geach em *Mental Acts* (1957), no qual é frequente o recurso a Wittgenstein e a Tomás contra Descartes na análise do conteúdo e do objeto dos atos mentais,[8] já é possível entrever, a partir daqui, os diversos âmbitos principais nos quais se explica o tomismo analítico: metafísica e teologia racional, filosofia da mente e epistemologia. Em *Mental Acts,* discutindo conceitos como habilidades específicas exercidas em atos de juízo e expressos geralmente no uso inteligente da linguagem, e também a formação deles (adquirir um conceito é um processo mediante o qual a pessoa se torna capaz *de fazer alguma coisa*), Geach critica como radicalmente incoerente a doutrina do "abstracionismo" (*abstractionism*) em sua aplicação aos conceitos de coisas sensíveis e aos conceitos psicológicos.[9] Desenvolvendo uma teoria analógica dos

---

[7] P. T. Geach, *Logic Matters,* Blackwell, Oxford, 1972, p. 289, 301.
[8] P. T. Geach, *Mental Acts*, Routledge & Kegan Paul, London, 1957, p. 3, 40, 44, 65, 72ss., 116ss., 122, 130-131.
[9] Cf. ibid., p. 18: "I shall use 'abstractionism' as a name for the doctrine that a concept is acquired by a process of singling out in attention some one feature given in direct experience – *abstracting* it – and ignoring the other features simultaneously given – *abstracting from* them".

conceitos psicológicos, em um contexto anticartesiano, Geach une Wittgenstein e Tomás, também à luz da interpretação de ambos como contrários ao "abstracionismo". Para Geach, a existência de atos mentais não deveria ser objeto de controvérsia.

> Há o perigo de que, quando falamos de atos mentais ou de eventos mentais ou do que se dá na mente de uma pessoa – observa ele – podemos ser induzidos ilegitimamente a tomar relatórios psicológicos por relatórios físicos. Há semelhanças lógicas entre os dois tipos de discurso, mas há diferenças lógicas não menos importantes; essas diferenças, nas quais Wittgenstein insiste continuamente, já eram conhecidas de Tomás de Aquino, o qual observou que, quando se fala da mente como de um "sujeito de mudança", o significado (*ratio*) de "sujeito" e de "mudança" é totalmente diferente do que esses termos têm no discurso sobre processos físicos (Ia, q. 75, art. 5, ad 2um).[10]

Geach observa justamente que Wittgenstein não nega a existência de atos mentais.

> O que Wittgenstein queria negar era não a *referência* privada de expressões psicológicas..., mas a possibilidade de se dar a elas um *sentido* privado – por exemplo, de dar um sentido à palavra "dor" simplesmente prestando atenção nas experiências próprias de dor, ato que seria privado e incontrolável. A tese segundo a qual as palavras psicológicas adquirem sentido desse modo – observa Geach – faz parte de uma teoria (por mim chamada *abstracionismo*) que Wittgenstein refutou *in toto* e não só relativamente aos conceitos psicológicos. Uma outra perspectiva que ele refutou (estreitamente conexa, creio, com a concepção abstracionista dos termos psicológicos) é aquela segundo a qual relações como entre uma dor e seus sintomas ou entre um

[10] Ibid., p. 2-3.

pensamento e as palavras que o exprimem não têm nada em comum com nossos conceitos de *dor* e *pensamento* e se estabelecem só indutivamente.[11]

Deve-se notar que, para Geach, Tomás, embora use o léxico da abstração, explicitamente se opõe, não menos do que Wittgernstein, ao que em *Mental Acts* se entende por "abstracionismo".[12]

Em seu livro de 1997, além dos escritos de Geach, *Aquinas, Mental Acts, God and the Soul, Logic Matters,* por mim mencionados, Pouivet se referia sobretudo à obra *Intention* (1957) de Elizabeth Anscombe e também às obras *The Metaphysics of Mind* (1989) e *Aquinas on Mind* (1993) de Anthony Kenny.[13]

Em *Intention* (1957), Anscombe examina principalmente a *intenção* em bases aristotélicas e wittgensteinianas, mas de modo tal que torna plausível a peculiar concepção tomasiana de "conhecimento prático" como condição necessária da "execução de intenções", cujas características são justamente objeto específico de indagação (uma grande quantidade de nossas descrições de eventos que decorrem da atividade de seres humanos são *formalmente* descrições de intenções levadas a efeito). A atenção de Anscombe é dirigida em particular ao tipo de conhecimento que se exerce na ação e que constitui o "conhecimento prático".[14] Em *Logic Matters,* Geach, no contexto de uma apreciação da análise feita pela Anscombe do conheci-

---

[11] Ibid., p. 3-4.
[12] Ibid., p. 130-131.
[13] G. E. M. Anscombe, *Intention*, Blackwell, Oxford, 1957; A. Kenny, *The Metaphysics of Mind*, Oxford U.P., Oxford, 1989; Id., *Aquinas on Mind*, Routledge, London, 1993.
[14] Cf. G. E. M. Anscombe, *Intention, cit.*, p. 87-88.

mento de tipo "não-observativo" (*non-observational knowledge*) que temos de nossos atos, observa audazmente que "deveríamos esforçar-nos cada vez mais para compreendermos esse conhecimento não-observativo, mediante o qual controlamos nossas ações, porque é esse o modo segundo o qual fomos feitos à imagem de Deus, como diz Tomás de Aquino no prólogo à *Prima Secundae*".[15]

A chave de abóbada da interpretação de Pouivet em *Après Wittgenstein, saint Thomas* é a crítica feita por Wittgenstein nas *Philosophische Untersuchungen* ao mentalismo e ao "internismo" cartesianos; ela torna mais fácil compreender Tomás e a tese segundo a qual a atividade racional do homem não pertence à ordem da *representação interna,* mas ao *exercício do conceito.* A filosofia da mente de Tomás é governada pela perspectiva geral de uma análise não já dos conteúdos de consciência de uma *pessoa,* do conhecimento e da ação, mas do conhecimento humano e dos atos humanos. O problema do conhecimento é, enfim, o de saber não quais são as condições de sua possibilidade e qual é seu fundamento, mas que coisa é efetivamente conhecida, porque o conhecimento, sendo uma realidade natural, não se manifesta antes de tudo e de modo determinante na forma de dúvida.[16]

Por outro lado, como notou Ralph McInerny, "não é que os tomistas se tenham tornado wittgensteinianos, ou vice-versa, mas que verdades comuns são reconhecidas".[17] Em *The Legacy of Wittgenstein* (1984) o próprio Kenny tinha tentado

---

[15] P. T. Geach, *Logic matters, cit.*, p. 325.
[16] R. Pouivet, *Après Wittgenstein, saint Thomas, cit.*, p. 7ss., 47ss., 56ss., 69ss., 95ss., 121.
[17] Cf. *New Blackfriars*, LXXX (1999), p. 195.

unir a teoria tomasiana do *esse intentionale* com a perspectiva wittgensteiniana acerca da intencionalidade, segundo uma perspectiva, em sua opinião, capaz de evitar o idealismo realista do platonismo, sem cair no idealismo conceitualista de muitos antirrealistas; além disso, ele tinha atribuído a Wittgenstein o mérito de ter percebido claramente, como Tomás e diversamente de Descartes, diferenças lógicas como aquelas entre os conceitos de "ter uma dor" e "ter um pensamento", de ter visto que relações como aquelas entre uma dor e seus sintomas, entre uma emoção e suas manifestações, entre uma sensação e o comportamento de um corpo orgânico, não são meramente contingentes, estabelecidas indutivamente, mas são inerentes aos conceitos de "dor", "emoção" e "sensação", e de ter-se preocupado, ao mesmo tempo, em evitar a compreensão ilegítima de descrições de eventos psíquicos como descrições de eventos físicos. De resto, em *The Metaphysics of Mind,* Kenny tinha reivindicado, contra a concepção cartesiana da mente, a afinidade da própria perspectiva analítica com a do "aristotelismo medieval". Mais recentemente, em *Aquinas on Mind* (1993), Kenny mostrou que a posição anticartesiana de Wittgenstein permite ligar a distinção atual entre filosofia da mente e epistemologia a posições medievais análogas (*Aquinas on Mind* confirma o apreço de Kenny pela psicologia filosófica de Tomás, já evidente na obra de 1963, *Action, Emotion and Will,* aliás, fortemente influenciada por Wittgenstein, ao passo que a obra mais recente, *Aquinas on Being,* de 2002, reafirma de modo mais completo as reservas anteriores sobre a ontologia de Aquinate, pondo em relevo as dificuldades por ela encontradas para articular em uma teoria coerente os diferentes tipos de ser e os diferentes sentidos de *esse* individuados, mesmo reconhecendo a importância da contribuição oferecida por

Tomás para a análise conceitual da linguagem sobre Deus).[18] Em um texto menos conhecido, a *Aquinas Lecture* para 1988, *The Self*, partindo da consideração de que "eu" não se refere à pessoa que pronuncia essa palavra do mesmo modo como um nome próprio se refere ao seu portador, e partindo, em geral, de observações sobre a gramática das expressões de primeira pessoa, Kenny chega, em bases wittgensteinianas e tomistas, à crítica da concepção cartesiana do eu.

---

[18] A. Kenny, *The Legacy of Wittgenstein,* Blackwell, Oxford, 1984, p. 61-76, 116. Id., *The Metaphysics of Mind, cit.*, p. 19. Id., *Action, Emotion and Will,* Routledge, London, 1963. Id., *Aquinas on Being,* Clarendon Press, Oxford, 2002. Cf. também A. Kenny (ed.), *Aquinas. A Collection of Critical Essays,* Doubleday, Garden City, N.Y., 1969. Id., *Aquinas,* Oxford U.P., Oxford, 1980. Com relação aos escritos de Kenny sobre a mente, cf. as observações de C. F. J. Martin, *Voluntary Action and Non-Voluntary Causality,* in J. Haldane (ed.), *Mind, Metaphysics and Value in the Thomistic and Analytical Traditions, cit.*, p. 76-89, em particular p. 77: "My strategy is to try as hard as I can to assimilate non-voluntary and voluntary causality, in the hope that there will be some element in voluntary causality that resists assimilation. I shall do this by assimilating non-voluntary causality to voluntary causality rather than vice-versa. Again, I think this is a Thomistic element. The point is disputable, but it is at least often alleged that St. Thomas, like other Aristotelians, went too far in assimilating non-voluntary causality to voluntary causality, particularly in his use of the notion of final cause". Cf. também S. E. Cuypers, *Thomistic Agent-Causalism,* in J. Haldane, *Mind, Metaphysics and Value in the Thomistc and Analytical Traditions, cit.*, p. 90-108, em particular p. 90, 106: "When I act robustly and self-determined, I myself cause my actions. Agent causation is, however, widely regarded with suspicion in contemporary philosophy of action and free will. In light of current naturalism and compatibilism, such a type of causation is deemed utterly obscure and mysterious". "Thomistic agent-causalism contains, in my opinion, the elements for a credible and viable agent-causal theory. Of course, the metaphysical presuppositions of this Thomistic account of robust activity, teleology, intentionalism and theism – stand in need of further clarification and justification. But although Thomism bears a heavy metaphysical load in the eyes of contemporary reductive naturalism and mechanistic physicalism, the metaphysical doctrines of Thomism are not without defence, even within contemporary analytical philosophy."

O golpe de misericórdia em todo o programa cartesiano – observa ele – foi dado quando Wittgenstein nos fez compreender que mesmo as palavras usadas para darem à dúvida cartesiana uma expressão privada não teriam sentido em um mundo que não contivesse nada mais que um ego cartesiano. O ego cartesiano é uma versão do mito do eu: a versão que deriva de uma raiz epistemológica. Uma versão diferente e mais rica do mesmo mito pode ser encontrada na filosofia empirista de Locke em diante.[19]

Ter uma mente significa ter a capacidade de adquirir e exercer habilidades intelectuais de vários gêneros, como o domínio da linguagem e a posse de informação objetiva. "*De* que coisa são capacidades? Do corpo humano vivo", no sentido no qual a alma para Tomás é forma do corpo. "Tomás se recusa a identificar o indivíduo com a alma do indivíduo, como fez Descartes."[20]

Sobre a diferença entre Geach e Kenny a respeito da concepção tomasiana do *esse*, são interessantes as observações de F. P. Fitzpatrick, que sublinha em todo caso a convergência deles no uso de argumentos de tipo lógico-linguístico:

> Para Geach – nota ele – a explicação que o Aquinate dá do *esse* no que escreve sobre Deus em suas obras maduras é coerente, ao passo que para Kenny não o é. Não me pronuncio sobre o mérito do desacordo deles, mas sublinho somente que eles concordam quanto ao tipo de argumentos a usar; os argumentos que usam – muitas vezes com uma rigorosa referência aos textos de Tomás – são diferentes dos que se encontram em Fabro ou Gilson. Quais são as causas dessa diversidade? Encontramo-nos diante de uma consequência da falta de interesse pela

---

[19] A. Kenny, *The Self*, Marquette U. P., Milwaukee, 1988, p. 12.
[20] Ibid., p. 25, 28.

lógica mostrada pelos neoescolásticos? Certamente, essa falta é digna de nota.[21]

Brian Davies sugeriu que a noção wittgensteiniana de "semelhança de família" pode ser lida como comparável à noção tomasiana de analogia. Segundo Davies, as observações de Wittgenstein em *Philosophische Untersuchungen,* I, 66, são afins do que Tomás ensina a respeito do modo pelo qual os termos são aplicados a Deus e às criaturas. Embora o paralelo entre Wittgenstein e o Aquinate não possa ser levado além de certos limites, as observações deles são complementares entre si, no sentido de que permitem usar igualmente expressões da linguagem comum com diferenças, no entanto, naquilo que o Aquinate chamaria de *modus significandi* delas.[22]

Um ponto sustentado por C. B. Daly, mas presente também em outros estudiosos, é que a concepção de Wittgenstein, segundo a qual a mente se conhece por meio do que fazemos com a linguagem, não é essencialmente diferente da doutrina de Aquinate, segundo a qual a mente se conhece através de seus atos e objetos cognitivos.[23] Em particular, Herbert McCabe sublinhou com vigor a relevância histórica da superação efetuada por Wittgenstein do mentalismo cartesiano e a convergência entre Wittgenstein e To-

---

[21] F. P. Fitzpatrick, *Neoscholasticism,* in N. Kretzmann, A. Kenny, J. Pinborg (eds.), *The Cambridge History of Later Medieval Philosophy, cit.,* p. 838-852 (em particular, p. 849-850).
[22] B. Davies, *The Thought of Thomas Aquinas,* Clarendon Press, Oxford, 1992, p. 74-75. Cf. R. Teuwsen, *Familienähnlichkeit und Analogie. Zur Semantik genereller Termini bei Wittgenstein und Thomas von Aquin,* Alber, Freiburg/München, 1988.
[23] C. B. Daly, *Moral Philosophy in Britain. From Bradley to Wittgenstein,* Four Courts Press, Dublin, 1996, p. 212.

más sobre o uso de sinais e símbolos para se exprimirem significados e sobre a *impossibilidade de uma linguagem privada*.[24]

> Como Wittgenstein mostrou de modo convincente, não pode haver alguma coisa como uma linguagem privada: o significado *pertence a própria linguagem*... A mesma tese – observa McCabe – foi defendida por Tomás de Aquino no *De unitate intellectus contra Averroistas*. A compreensão dos significados é obra da inteligência humana, mediante a qual transcendemos nossa individualidade, mas se verifica mediante uma faculdade da alma humana, que é sempre a forma substancial de um corpo humano individual.[25]

Os significados, observa McCabe, estão na linguagem, que por sua natureza é pública e comum.

> Como Tomás viu bem, entender um significado significa transcender nossa privacidade, subjetividade, materialidade, para compartilhá-lo com outros, reciprocamente, para comunicar mutuamente em termos de verdade, de modos que não são simplesmente corpóreos, mediante o uso de sinais e símbolos para a expressão de significados. Portanto, ter uma linguagem significa poder conhecer a verdade sobre o mundo e, naturalmente, ao mesmo tempo, cometer erros sobre ele.[26]

Brian Davies sublinhou que McCabe queria aproximar-se de Tomás para encontrar nele recursos dos quais se valer de modo significativo nas discussões filosóficas contemporâneas. McCabe, segundo Davies, era particularmente sensível à obra de filósofos

---

[24] H. McCabe, *God Still Matters*, Continuum, London, New York, 2003, p. 126, 142ss.
[25] Ibid., p. 126.
[26] Ibid., p. 194.

pertencentes à tradição analítica, especialmente a Wittgenstein, cujo pensamento considerava afim, de muitos modos, do Aquinate. Mesmo sendo obviamente consciente da diversidade de abordagens entre Tomás e Wittgenstein, sabia identificar as semelhanças entre eles e fazer bom uso delas, especialmente a respeito de argumentos de psicologia filosófica e de filosofia da linguagem e do significado.[27] São interessantes, enfim, algumas observações de MacIntyre a respeito da relação de McCabe com Wittgenstein. MacIntyre observa que, para fazer um bom trabalho em filosofia, McCabe teve de aprender a enfrentar os problemas de Tomás e de Wittgenstein no âmbito da *mesma* pesquisa.[28]

> Um aspecto da teologia de McCabe – observa enfim MacIntyre – é particularmente digno de nota: a sua compreensão wittgensteiniana e tomista dos seres humanos como mentes incorporadas e do corpo humano como expressivo em seus atos e em suas palavras, uma compreensão que serve de prólogo para a reflexão sobre a autorrevelação de Deus por meio de sua Palavra feita carne e mediante sua presença sacramental. Um corpo humano não é nunca um mero objeto físico, e um ser humano não é um objeto físico mais uma mente. Tanto o fisicalismo como o dualismo obscurecem o que significa ser um ser humano. E uma função central da teologia, entendida como a entendia McCabe, é pôr os seres humanos em condição de compreenderem o que eles são como seres humanos.[29]

Recentemente, John Haldane lamentou que essa concepção antropológica, que deriva das *Philosophische Untersuchungen* de Wittgenstein, seja tendenciosamente abandonada pelas cor-

---

[27] B. Davies, *Introduction,* H. McCabe, *God still Matters, cit.*, p. XIII.
[28] A. MacIntyre, *Foreword,* H. McCabe, *God Still Matters, cit.*, p. VIII.
[29] Ibid., p. IX.

rentes hodiernas da filosofia da mente que se inspiram nas ciências cognitivas.

O renascimento da filosofia da mente dentro da tradição analítica deve muitíssimo à obstetrícia intelectual (*intellectual midwifery*) de Ryle e Wittgenstein. Há, por isso, uma ironia no fato de que o estado atual da disciplina seja tal que nela sejam tão difundidos modelos científicos e cartesianos de mente. Certamente dos estudiosos que encontram profundidade *e verdade* na impostação wittgensteiniana, poucos (ou talvez nenhum) terão provavelmente simpatia por grande parte das abordagens que são preferidas na contemporânea psicologia filosófica analítica.[30]

Observações pertinentes sobre o tomismo wittgensteiniano se encontram também no livro de Fergus Kerr, *Theology after Wittgenstein* (1986), não só por causa de uma frase de Wittgenstein na qual se fala de essência e existência de Deus e na qual o filósofo vienense certamente alude à célebre tese de Tomás de Aquino, contida em um texto que ela tinha em mãos (enquanto em todas as coisas criadas a essência e a existência são diferentes, em Deus são idênticas), mas também por outras razões: Kerr salienta que na crítica ao modelo cartesiano de mente, o último Wittgenstein recupera em boa parte uma concepção da alma que teria parecido sensata a Tomás e a Aristóteles; além disso, destaca que Wittgenstein, mesmo criticando alguns aspectos da disputa filosófica realismo/antirrealismo, era contrário ao antirrealismo: o ponto que Wittgenstein sublinha é que o dado é constituído pelas formas de vida comuns nas quais desde o iní-

---

[30] J. Haldane, *Faithful Reason, cit.*, p. 75. Sobre este argumento, cf. J. Haldane, *The Breakdown of Contemporary Philosophy of Mind, cit.*, p. 54-75.

cio tomamos parte, não pelos dados sensíveis individuais; o realista é criticado somente enquanto permanece ligado à ideia de que o ato semântico primário é a representação.[31] Recentemente Kerr sublinhou aspectos do pensamento de Wittgenstein capazes de orientar positivamente a atenção para as teses do Aquinate: as tentativas de menosprezar tanto o ceticismo a respeito do raciocínio indutivo como as propostas fundacionalistas de defendê-lo, a remoção do ceticismo como perpétua insatisfação a respeito da situação cognitiva da mente humana, a concepção da dependência de nossa vida interior, de nosso envolvimento com as coisas do mundo público.[32]

No recente estudo de John P. O'Callaghan, *Thomist Realism and the Linguistic Turn. Toward a More Perfect Form of Existence* a relação de Tomás com o Wittgenstein das *Philosophische Untersuchungen* é estabelecida a partir da crítica comum ao "representacionalismo mental". No estudo das relações entre palavras, pensamentos e coisas, como se configuram na tradição aristotélico-tomista, O'Callaghan destaca a comparação com Wittgenstein, embora notando que "a recente crítica do representacionalismo mental não começou com ele", uma vez que "preanúncios de sua crítica se encontram em outros filósofos, especialmente em Husserl e Frege", os quais, "preo-

---

[31] F. Kerr, *Theology after Wittgenstein,* Blackwell, Oxford, 1986, p. 4, 131ss., 154, trad. it., *La teologia dopo Wittgenstein,* Queriniana, Brescia, 1992, p. 15, 215ss., 249. Cf. L. Wittgenstein, *Culture and Value* [edição das *Vermischte Bemerkungen,* com tradução inglesa e texto alemão ao lado], ed. G. H. Von Wright, Chicago University Press, Chicago, 1984, p. 82 (trad. It., *Pensieri diversi,* Adelphi, Milano, 1980, p. 150).

[32] F. Kerr, *Aquinas after Wittgenstein,* in J. Haldane (ed.), *Mind, Metaphysics and Value in the Thomistic and Analytical Traditions,* p. 1-17; F. Kerr, *After Aquinas,* Blackwell, Oxford, 2002, p. 32ss.

cupados com a objetividade da verdade e com o significado e a referência da linguagem, reagiram fortemente contra o representacionalismo clássico e a identificação do significado dos termos com as representações mentais internas".[33] A posição de Tomás é assemelhada à "anti-internista" de Wittgenstein. "A característica essencial de um conceito como ato do intelecto é a de ser ele um meio para o conhecimento de alguma outra coisa, primariamente da *res extra animam,* não de ser alguma coisa conhecida. É só depois que se conhece uma coisa por meio do conceito que ele mesmo pode ser conhecido."[34] A convicção de que os conceitos nos são conhecidos somente mediante o uso deles, que é primariamente o do conhecimento de *res extra animam,* e de que falar de conceitos já é sempre um discurso sobre *res extra animam,* sendo o conceito essencialmente um meio para se conhecer alguma outra coisa, é, para O'Callaghan, a forma tomasiana do realismo "externista". Não somos primeiramente conscientes de nossos conceitos e depois das realidades extramentais, mas chegamos ao conhecimento de nossos conceitos refletindo sobre a consciência que temos das realidades extramentais. Desse modo Tomás refuta o internismo.[35] Em relação a Tomás, é lembrada a célebre observação de Wittgenstein: "A minha atitude em relação a ele é uma atitude em relação a uma alma. Eu não sou de *opinião*

---

[33] J. P. O'Callaghan, *Thomist Realism and the Linguistic Turn. Toward a More Perfect Form of Existence,* University of Notre Dame Press, Notre Dame, 2003, p. 3, 100.
[34] Ibid., p. 235-236.
[35] Ibid., p. 239, 243, 255. Este ponto é sublinhado de modo particular na recensão de G. T. Colvert in "The Thomist", LXIII (2004), p. 319-324. O livro de O'Callaghan, segundo Colvert, "does, however, give the most thorough and comprehensive defense of this position to date".

que ele tenha uma alma".[36] A alma humana não é uma entidade interior a se descobrir *por inferência*. A unidade que a alma realiza das formas de vida corpóreas, compreendidas as formas de vida linguísticas, é integral e constitutiva da natureza humana. "O pensamento, por sua natureza, não é privado, mas público... Para o aristotélico tomista, o funcionamento conceitual do animal humano é naturalmente ordenado para a expressão em atos não-linguísticos e linguísticos, mediante os quais se constituem comunidades sociais e políticas."[37]

Em meus escritos recentes, eu mesmo dei certa importância, também no tocante à filosofia da religião, às teses de Wittgenstein que podem justificar a aproximação a Tomás, em particular à afirmação de um realismo sem empirismo – "Não empiria, mas realismo em filosofia, observa Wittgenstein – essa é a coisa mais difícil (contra Ramsey)"[38] – e à aproximação antiempirista, mas também, e pelas mesmas razões, antimentalista, que parece sugerida pela recusa da exigência moderna, pós-cartesiana, de estabelecer e justificar criticamente uma realidade extramental (porque isso equivaleria a conceder, como pensava Gilson, o ponto em discussão ou as pressuposições iniciais "cartesianas",

---

[36] L. Wittgenstein, *Philosophische Untersuchungen. Philosophical Investigations,* Blackwell, 2ª ed., Oxford, 1963, II, IV, p. 178. Cf. J. P. O'Callaghan, *Thomist Realism and the Linguistic Turn,* cit., p. 290.
[37] J. P. O'Callaghan, *Thomist Realism and the Linguistic Turn,* cit., p. 290, 291, 298.
[38] L. Wittgenstein, *Bemerkungen über die Grundlagen der Mathematik,* editado por G. E. M. Anscombe, Rush Rhees e G. H. von Wright, 3ª ed., Suhrkamp, Frankfurt am Main, 1989, VI, 23: "Nicht Empirie und doch realismus in der Philosophie, das ist das schwerste (Gegen Ramsay)" (p. 325). Cf. F. Kerr, *Theology after Wittgenstein, cit.,* p. 131ss. Cf. também o comentário de C. Diamond, *The Realistic Spirit. Wittgenstein, Philosophy, and the Mind,* The MIT Press, Cambridge, Mass., London, 1991, p. 39-71.

ou, em todo caso, a discutir a posição do realismo em função do problema do conhecimento); dei destaque, além disso, à crítica wittgensteiniana ao ceticismo filosófico, julgado estruturalmente incoerente.[39]

---

[39] Cf. É. Gilson, *Le réalisme méthodique*. Pierre Téqui, Paris, s.d., p. 11; Id., *Lo Spirito dell filosofia medievale*, Morcelliana, Brescia, 1969, p. 293ss.; F. C. Copleston, *Aquinas*, Penguin Books, Harmondsworth, 1955, p. 253-254; R. McInerny, *Thomism*, in P. L. Quinn-C. Taliaferro (eds.), *A Companion to Philosophy of Religion*, Oxford U.P., Oxford, 1997, p. 161; M. Micheletti, *Filosofia analitica della religione. Un'introduzione storica*, Brescia, Morcelliana, 2002, p. 18, 69, 88.

Capítulo Terceiro

Tomás de Aquino na "Epistemologia Reformada"

Um outro setor, que se refere ao âmbito da tradição analítica, no qual está presente a influência de Tomás de Aquino, é o da epistemologia reformada, seja no plano epistemológico, no qual prevalece a crítica ao "internismo", seja no contexto da filosofia da religião, no qual o recurso do Aquinate à teologia racional está dividido pelo projeto subjacente à teologia natural moderna de marca evidencialista (trato dela aqui, brevemente, não porque tenha sentido falar em tal contexto de "tomismo analítico" em sentido próprio, mas porque a temática do fundacionalismo e da crítica feita a ele, central na epistemologia reformada, desempenha certo papel nas discussões dos tomistas analíticos, no âmbito da epistemologia e da teologia natural; por exemplo, em um ensaio sobre a *Epistemologia da crença religiosa,* Pouivet observa que "em santo Tomás, as cinco vias não correspondem a uma exigência de tipo fundacionalista, mas pertencem ao projeto da teologia natural como esforço para justificar as crenças religiosas sem pressupor nenhuma delas"; todavia, Tomás não sustenta que sem elas não haveria "razões para crer".[1] Seria necessário avaliar a evolução

---

[1] R. Pouivet, "Épistémologie de la croyance religieuse", in S. Bourgeois-Gironde, B. Gnassounou, R. Pouivet (eds.), *Analyse et Théologie,* Vrin, Paris, 2002, p. 11-30 (em particular p. 20).

do pensamento de Plantinga a esse respeito, da crítica ao Aquinate (envolvido na crítica geral ao fundacionalismo medieval e em geral ao fundacionalismo em epistemologia) até sua reavaliação, também na esteira dos estudos históricos de Wolterstorff, seja em sede epistemológica, seja em sede de teologia filosófica.

Em *Warrant The Current Debate* (1993) e em *Warrant and Proper Function* (1993), Plantinga sustenta que a crise na epistemologia contemporânea daquela tradição "internista", que havia tido a preponderância depois de Descartes, Locke e o Iluminismo, permitiu o reaparecimento do "externismo", da concepção epistemológica, que, segundo a reveladora genealogia desenhada por Plantinga, remonta a Thomas Reid, Tomás de Aquino e Aristóteles. Além disso, os argumentos propostos contra o naturalismo *metafísico,* para demonstrar sua falsidade ou ao menos a irracionalidade de aceitá-lo, equivalem para Plantinga a uma versão da "quinta via" de Tomás.[2] Enfim, em *Warranted Christian Belief* (2000), Plantinga apresenta um modelo epistemológico no qual concorrem Tomás e Calvino e segundo o qual há um conhecimento natural de Deus, uma crença em Deus que goza de *warrant,* de garantia epistêmica. Não surpreende que Plantinga acabe sustentando, como Vos e Wolterstorff, que, de fato, Calvino e Tomás estão muito próximos um do outro em âmbito epistemológico, em particular em questões concernentes à epistemologia da crença cristã[3] (para Vos, Tomás não é um evi-

---

[2] Cf. A. Plantinga, *Warrant: The Current Debate,* Oxford U.P., Oxford, 1993, p. V, VII, 3, 5, 11ss., 43, 67, 86, 182ss., 212ss.; Id., *Warrant and Proper Function,* Oxford U.P., Oxford, 1993, p. V-X, 6, 13ss., 36, 46ss., 183, 194ss., 235ss.

[3] A. Plantinga, *Warrant ed Christian Belief,* Oxford U.P., Oxford, 2000, p. 82n., 168ss., 175, 199, 242, 249. Cf. também Id., *Afterword,* in J. F. Sennett (ed.), *The Analytic Theist,* Eerdmans, Grand Rapids, 1998, p. 354n.

dencialista; para ele, os preâmbulos não são precondições para a fé; o assentimento não é proporcional à evidência: as provas não servem para dar razões *necessárias* para a fé; e Plantinga sustenta que, segundo Tomás, uma pessoa pode perfeitamente ser justificada; antes, pode ser absolutamente merecedora por crer em Deus sem o benefício da argumentação, mesmo que os argumentos obviamente sejam possíveis e legítimos).[4]

À luz dessas observações, não deve parecer paradoxal a aproximação que, em *The Thought of Thomas Aquinas,* Brian Davies sugere entre Plantinga e Tomás. Davies nota que Tomás não sustenta que exista para cada um a obrigação de examinar a evidência para o teísmo. Segundo Tomás, nada impede uma pessoa de "aceitar com fé uma verdade que ela não pode demonstrar, mesmo que essa verdade em si mesma seja tal que uma demonstração poderia tornar evidente". Davies observa que, em comum com alguns filósofos contemporâneos, em particular com Plantinga, Tomás considera perfeitamente apropriado para cada um começar dando como certa a existência de Deus, se bem que naturalmente "ele considere possível afirmar os fundamentos racionais da fé em Deus e em diversas teses procure indicar quais são essas vias".[5]

Recentemente Eleonore Stump, em seu livro *Aquinas* (1993), contestou, com referência a Wolterstorff e Plantinga, a legitimidade de uma interpretação "fundacionalista" de Tomás. Stump

---

[4] A. Vos, *Aquinas, Calvin, & Contemporary Protestant Thought,* Christian U. P., Washington, 1985, p. 46ss., 71, 83, 93; A. Plantinga, "Natural Theology", in J. Kim e E. Sosa (eds.), *A Companion to Metaphysics,* Blackwell, Oxford, 1995, p. 348-349.
[5] B. Davies, *The Thought of Thomas Aquinas,* Clarendon Press, Oxford, 1992, p. 21-22.

observa que para Tomás o conhecimento de um ser humano (em todas as suas várias espécies, compreendida a *scientia*) é uma função do uso que a pessoa faz das capacidades cognitivas criadas por Deus nos seres humanos, assim como Deus quis que fossem usadas no mundo. Para Stump não é surpreendente encontrar uma epistemologia desse gênero numa perspectiva teísta como a de Tomás, e isso "pode contribuir para explicar por que o modo pelo qual Tomás aborda o tema do conhecimento se assemelha fortemente à teoria do conhecimento desenvolvida pelo mesmo Plantinga". Nesse sentido não é correta a caracterização da posição epistemológica de Tomás como "fundacionalista", sendo ela, antes, na linguagem da epistemologia contemporânea, "uma forma refinada de externismo teológico com elementos confiabilistas".[6]

No plano da teologia filosófica, com a sensibilidade histórica que o distingue, Wolterstorff põe em relação, antes de tudo, o chamado "desafio evidencialista" com o tipo de epistemologia que se afirma no pensamento moderno, em particular, com Locke, quando a apologética começa a tomar a forma de argumentos *a favor do* cristianismo em vez de respostas às objeções feitas ao cristianismo. Para sublinhar a novidade introduzida pela apologética evidencialista, Wolterstorff diferencia seu *projeto* do da teologia natural de Anselmo de Aosta *e* de Tomás de Aquino (não obstante a concordância parcial de alguns argumentos). Para o Aquinate, o escopo da teologia natural não era substancialmente diferente do de Anselmo, isto é, transmudar a fé em conhecimento através da demonstração (*sem implicar* que seria

---

[6] E. Stump, *Aquinas,* Routledge, London, New York, 2003, (reimpresso 2005), p. 235, 242-243.

legítimo crer s*omente* com o sustentáculo de uma evidência adequada).[7] Do ponto de vista da filosofia da religião, o tema histórico dominante nos escritos de Wolterstorff se torna explícito no ensaio *The Migration of the Theistic Arguments: From Natural Theology to Evidentialist Apologetics* (1986): a queda do fundacionalismo clássico em epistemologia arrasta o evidencialismo e o tipo de apologética que tem suas raízes principalmente em Locke, ao passo que deixa intacto o projeto de teologia natural próprio de Tomás de Aquino. "Relativamente a muitas das questões que examinamos – observa ele – Calvino está mais perto de Tomás do que de Locke. Nem Calvino, nem Tomás submeteram a fé cristã, ou a própria fé teísta, a condições fundacionalistas."[8]

---

[7] N. Wolterstorff, "Can Belief in God Be Rational If It Has No Foundations?", in A. Plantinga e N. Wolterstorff (eds.), *Faith and Rationality. Reason and Belief in God*, University of Notre Dame Press, Notre Dame, 1983, p. 136-137.

[8] N. Wolterstorff, "The Migration of the Theistic Arguments. From Natural Theology to Evidentialist Apologetics", in R. Audi e W. J. Wainwright (eds.), *Rationality, Religious Belief & Moral Commitment,* Cornell U. P., Ithaca, London, 1986, p. 79, 80. Pode-se confrontar esta tese de Wolterstorff com a do wittgensteiniano Phillips, geralmente criticado como não realista pelos epistemólogos reformados, apesar de sua profissão de "realismo ordinário" e apesar da atitude comum antievidencialista: "Consider, for example, the changed status of proofs of the existence of God in Enlightenment thought. In Anselm and Aquinas, it can be argued, al least, that their proofs are apologetic attempts from within the Faith to meet objections to it from without" (D. Z. Phillips, *Recovering Religious Concepts. Closing Epistemic Divides,* MacMillan Press, Houndmills, Basingstoke, and London, 2000, p. 86).

Capítulo Quarto

Do realismo epistemológico e metafísico à teologia natural

Entre os âmbitos de pesquisa nos quais se exerceu o tomismo analítico, desempenha um papel de particular interesse a defesa do realismo epistemológico e metafísico como a apresentada, por exemplo, por John Haldane no ensaio de 1993, *Mind-World Identity Theory and the Anti-Realist Challenge*. A tarefa que Haldane se propõe é a de elaborar uma teoria que combine as características das versões fortes do realismo ontológico e epistemológico, sem confiar em uma noção de verdade que transcenda as capacidades cognitivas necessárias para reconhecê-la. Para isso, Haldane introduz aquelas teses de Tomás de Aquino sobre a natureza do mundo, o processo cognitivo, a semântica da linguagem natural e o caráter da verdade, que sugerem exatamente o tipo de teoria desejado. Haldane observa que a epistemologia tomista deveria atrair a atenção dos filósofos contemporâneos por vários motivos, em particular por seu caráter "antifundacionalista" e "antirrepresentacionalista", que são apreciados também especificamente, como mostrei acima, em bases wittgensteinianas. Tomás refuta explicitamente a tese segundo a qual o conhecimento implica, por necessidade, uma representação intermediária, mesmo que, quando se detém no caráter reflexivo do conhecimento e no potencial de autoconsciência presente em seus atos, reconheça que os conteúdos conceituais às vezes possam ser objeto do pensamento e que o intelecto possa ser dirigido não para a realidade ambiental, mas para o interior, para suas próprias operações. No tocante à questão do realismo epistemológico, Haldane põe o acento em duas importantes características da teoria do conhecimento em Tomás: (1) a insistência no fato de que o intelecto se liga diretamente à realidade, e não a um *tertium quid* que se intrometa entre eles (os conceitos são os *meios,* e não os objetos do pensamento, a não ser na reflexão; (2) a surpreendente convicção de que as formas ou naturezas que dão ao mundo sua estrutura, e os conceitos que dão ao pensamento sua "configuração", são caracterizados por certo tipo de identidade. Para que se possa falar de realismo epistemológico é necessário que o mundo seja ontologicamente independente do pensamento e que os conceitos e o que eles representam sejam intrinsecamente conexos. Torna-se possível desse modo refutar a coerência do ceticismo geral (ou do antirrealismo epistemológico), superando a distância entre mente e realidade, sem prejudicar a independência ontológica da realidade. Tomás não confia numa faculdade intuitiva oculta, mas apela exatamente para a tese, invocada por Putnam, de que todo conhecimento provém da experiência, afirmando, todavia, em oposição a Putnam, que na experiência conhecemos diretamente um mundo *estruturado* de um dado modo, independentemente da concepção que temos dele (em conformidade, portanto, com os critérios do realismo acima enunciados). A relação entre o pensamento e o mundo é, então, uma relação não-contingente, não que o mundo seja um produto do pensamento, mas porque o pensamento é constituído pelo próprio mundo. Um aspecto sobre o qual Haldane insiste é, aliás, o caráter irredutível da intencionalidade. Para Tomás, nossas enunciações verbais exprimem o mesmo conteúdo intencional que informa os atos mentais; e o exercício de um conceito no pensamento ou na linguagem *é* a atualização de alguma coisa intrinsecamente intencional.[1]

O problema da representação mental e o do realismo metafísico, ligado a ele, foram discutidos, em relação a Haldane, na perspectiva do tomismo analítico, por De Anna, o qual, em particular, reconstrói as razões apresentadas pelos tomistas analíticos para refutarem o naturalismo e, consequentemente, para poderem estar abertos a uma concepção da representação como a proposta por Tomás (teoria da intencionalidade), que supõe identidade *formal* entre mente e mundo, e sublinha as vantagens epistemológicas dessa posição: ela permite renunciar à união entre realismo metafísico e naturalismo, mantendo o primeiro e negando o segundo; a concepção semântica que se segue disso não é uma forma de realismo semântico extremo e não é aberta, portanto, às objeções dirigidas contra ele por Putnam. O pensamento pode, portanto, ser considerado como uma representação da realidade, não no sentido de que tenha por objeto representações mentais, mas no sentido de que pensar é uma atividade pela qual o mundo é representado ao sujeito. Isso é possível porque a atividade de pensar é estruturada e sua estrutura é idêntica à estrutura da realidade. A proposta da metafísica aristotélico-tomista foi justificada por Haldane e pelos tomistas analíticos no curso do debate com Putnam, com a necessidade de evitar os problemas das explicações naturalistas da referência linguística e mental, explicando, ao mesmo tempo, os vínculos experienciais que o internismo não conseguia definir.[2]

---

[1] J. Haldane, "Mind-World Identity Theory and the Anti-Realist Challenge", in J. Haldane e C. Wright (eds.), *Reality, Representation and Projection,* Oxford, U.P., New York, Oxford, 1993, p. 15-37 (em particular p. 19-25, 31-33).
[2] G. De Anna, *Realismo metafisico e rappresentazione mentale. Un'indagine tra Tommaso d'Aquino e Hilary Putnam,* cit., p. 41-43, 47-99, 160-169, 193-198, 201, 209ss., 227.

Temas de filosofia da mente são tratados de modo específico no livro organizado por John Haldane, *Mind, Metaphysics and Value in the Thomistic and Analytical Traditions* (2002). Também nesse campo, tornado bastante delicado para Haldane, como notei acima, pelo declínio do interesse por Wittgenstein na filosofia da mente e pela virada para o cientismo, o confronto entre as duas tradições de pensamento pode ser útil, porque os instrumentos da filosofia analítica são particularmente adaptados para essa finalidade, ao passo que as penetrantes concepções tomistas a respeito do "*locus* verdadeiro da imaterialidade" podem ajudar o filósofo contemporâneo a "recolocar seus esforços, distanciando-se do neocartesianismo".[3] Sobre o problema mente/corpo, Richard Cross propõe uma posição tomista, sugerindo que ela representa uma contribuição significativa para a discussão contemporânea, mostrando que, com base nela, o princípio que organiza os constituintes físicos fundamentais, no caso de um ser humano, é ele mesmo "um (não-físico) portador de propriedades".[4]

David Braine retomou, num contexto contemporâneo, a exposição tomasiana sobre o intelecto, observando que ela, se desenvolvida nos detalhes, apresenta uma "impressionante originalidade": em sua estrutura ela evita o absurdo, seja da perspectiva platônica, seja da do empirismo moderno, típica de Locke e de Hume e exemplificada no "psicologismo" criticado por Frege. A diferença entre Tomás, de um lado, e Platão e os empiristas, do outro, não consiste só no fato de que as *species* não são *objeto* da mente, mas na consideração que Tomás tem delas como do-

---

[3] J. Haldane, *The Breakdown of Contemporary Philosophy of Mind*, cit., p. 72-73.
[4] R. Cross, "Aquinas and the Mind-Body Problem", in J. Haldane (ed.), *Mind, Metaphysics and Value in the Thomistic and Analytical Traditions*, cit., p. 36-53 (em particular, p. 50).

tadas não de uma existência natural ou atual, mas só de um *esse intentionale*.[5]

No âmbito da epistemologia há tomistas analíticos que insistem especialmente no caráter não necessariamente subjetivo dos conteúdos mentais e na distinção fundamental entre pensamentos e conceitos, de um lado, e sensações e imagens mentais, do outro, na natureza linguística do pensamento conceitual, na aproximação de Tomás a certos aspectos, não obstante tudo, do naturalismo contemporâneo em epistemologia, ou diretamente a Quine, na recusa do fundacionalismo.[6] Este último ponto foi desenvolvido de modo particular por Jonathan Jacobs e John Zeis no livro *Form and Cognition: How to Get Out of Your Mind,* cujo ponto de partida é a consideração de que, na perspectiva aristotélico-tomista, não se começa de um sujeito pensante ou consciente para se chegar argumentativamente "fora" dele aos objetos dos estados representacionais, não se começa com a reflexão sobre representações mentais para perguntar-se como algumas delas podem ser representações de um mundo externo a elas. O conhecimento é um tipo de atividade que se dá no mundo natural, não uma coisa que seja completamente fora dele, problematicamente em relação a ele. No conhecimento, a atividade da mente é a atualização da forma de seu objeto. O realismo e a orientação para a verdade do conhecimento, a legitimidade deles são explicados causalmente,

---

[5] D. Braine, "The Active and Potential Intellects. Aquinas as a Philosopher in His Owm Right", in J. Haldane (ed.), *Mind, Metaphysics and Value in the Thomistic and Analytical Traditions,* cit., p. 18-35 (em particular, p. 22-23).
[6] Cf. J. Lamont, "Aquinas on Divine Simplicity", in *The Monist,* LXXX (1997), p. 524; R. Pasnau, *Aquinas on Thought's Linguistic Nature,* ibid., p. 558; J. Jacobs e J. Zeis, *Form and Cognition How to Get Out of Your Mind,* ibid., p. 539-557; C. F. J. Martin, *Thomas Aquinas,* cit., p. 12-13.

não evidencialmente, segundo uma forma de naturalismo, diferente, contudo, do formulado no pensamento contemporâneo por Quine. Como Haldane, Jacobs e Zeis põem o acento na identidade formal de *esse naturale* e *esse intentionale,* e no caráter realista e não "empirista" da abstração implicada na construção dos conceitos (recordem-se as observações de Geach sobre o *abstracionismo*). Jacobs e Zeis não hesitam em inserir a epistemologia de matriz tomista no contexto do debate atual sobre a epistemologia. A teoria aristotélico-tomista do conhecimento distingue a *cognitio* da *scientia* e interpreta o conceito de conhecimento como um conceito analógico. Grande parte do debate atual entre fundacionalistas e coerentistas, entre internistas e externistas, e até entre deontologistas e epistemólogos naturais, segundo eles, poderiam ser evitados se se considerasse corretamente o caráter analógico do conhecimento. Nessa perspectiva, a teoria aristotélico-tomista não é *exclusivamente* uma teoria externista, como quer Plantinga, porque a "consciência reflexiva" é um critério internista e é uma epistemologia naturalizada, porque toma como ponto de partida as operações naturais do conhecimento, mas é, todavia, uma teoria decisivamente normativa, por causa de seu caráter teleológico: as faculdades cognitivas funcionam como funcionam porque são ordenadas para a consecução da verdade.[7]

Recentemente John Haldane, referindo-se a Tomás e aplicando à linguagem algumas de suas observações sobre os conceitos, uniu assim agudamente o realismo epistemológico à teologia natural: "As observações de Tomás são simples e, contudo, profundas, como se em nosso tempo se devesse mostrar a incon-

---

[7] J. Jacobs e J. Zeis, *Form and Cognition: How to Get Out of Your Mind,* cit., p. 540-542, 546, 548, 550-553.

sistência das teses segundo as quais estamos apertados dentro dos limites da linguagem, observando que do fato do qual nos expressamos usando palavras não quer dizer que possamos falar só com palavras [...]. Evidentemente nem todo enunciado se manifesta por palavras, nem todo pensamento, sobre conceitos. Existe o mundo. Afortunadamente podemos falar do mundo e pensar nele, e assim fazendo chegamos a reconhecer que ele não é autoexplicativo, mas que remete a uma causa que cria e ordena as coisas para o melhor. Esse é o realismo filosófico e teológico de santo Tomás, e essa, creio eu, é a verdade".[8] A abordagem de tipo tomista em um setor não é necessariamente confirmada em outro. Kenny, que na filosofia da mente defende posições de tipo tomista, na teologia filosófica submeteu à crítica as "cinco vias" de Tomás e reafirmou constantemente sua posição agnóstica.[9]

É fortemente condicionada pela interpretação analítica, ou, mais especificamente, wittgensteiniana, de Tomás por McCabe, a abordagem da teologia racional de Brian Davies, o qual constantemente põe em relação o significado da palavra "Deus" com a pergunta radical sobre o mundo e com a tentativa de falar do *esse* das coisas e sublinha que podemos falar de Deus em virtude não do conhecimento da natureza divina, mas do conhecimento que temos das criaturas.[10] Também para McCable, de fato, as provas da existência de Deus visam sobretudo a indicar as anomalias em uma imagem do mundo que exclua a *questão sobre* Deus. Deus

---

[8] J. Haldane, *The Spirit of Thomism and the Task of Renewal, cit.*, p. 74-75.
[9] Cf. A. Kenny, *The Five Ways,* Routledge & Kegan Paul, London, 1969; Id., *The God of the Philosophers,* Clarendon Press, Oxford, 1979, Id., *Reason and Religion,* Blackwell, Oxford, 1987; Id., *What is Faith?,* Oxford U.P., Oxford, 1992.
[10] Cf., por exemplo, B. Davies, "Aquinas, God and Being", in *The Monist.* LXXX (1997), p. 500-517.

não faz parte do universo nem introduz nenhuma diferença nele, *no sentido de que não é uma coisa ou um gênero de coisas* (aqui McCabe faz eco à tese tomista, que retorna em vários contextos analíticos, de que Deus não é um gênero e de que não se pode atribuir gênero ou diferença específica a Deus). O que governa nosso uso da palavra "Deus" não é a compreensão do que Deus é, mas a validade da questão sobre o mundo. Consequentemente, o ateu autêntico é aquele que simplesmente não vê que existe um problema, alguém que se contenta em pôr a si mesmo perguntas sobre o mundo, mas que não consegue ver que o mundo põe uma questão.[11] McCabe diz que para Tomás os argumentos não pressupõem uma concepção da natureza de Deus, mas começam simplesmente com perplexidades filosóficas que são suscitadas por algumas características do mundo que nós compreendemos e que nos levam para o que não compreendemos.[12] Haldane criticou, como exagerado, o acento no agnosticismo, decorrente em particular da influência de McCabe: toda prova de Tomás estabelece a existência de uma causa não-contingente de algum tipo de efeito contingente; dentro desses limites as provas identificam a natureza de Deus relacionalmente como a causa de certo efeito.[13]

Recentemente, com referência especialmente a Tomás, Michon chegou a definir a teologia escolástica como "filosofia (analítica) da fé (cristã)".[14] É fácil intuir as possibilidades de desen-

---

[11] H. McCabe, "Creation" (1980), in B. Davies (ed.), *Philosophy of Religion. A Guide and Anthology,* Oxford U.P., Oxford, 2000, p. 196-201.
[12] H. McCabe, "God Still Matters", cit., p. 13ss. Cf. os ensaios de Kerr, Davies, Burrell e Kenny in B. Davies (ed.), *Language, Meaning and God. Essays in Honour of Herbert McCabe OP.,* Chapman, London, 1987.
[13] J. Haldane, *The Spirit of Thomism and the Task of Renewal,* cit., p. 78.
[14] C. Michon, "La théologie (scolastique) comme philosophie (analytique) de la foi (chrétienne)", in *Revue internationale de Philosophie,* LXVII (2003), p. 229-249.

volvimento da singular aproximação entre tomismo e filosofia analítica no plano da teologia filosófica. S. T. Davis, talvez não sem ironia, observou recentemente que "vários filósofos analíticos da religião (ateus, agnósticos ou teístas) e filósofos tomistas são hoje os únicos a se interessarem pelas provas teístas".[15] Entre as tentativas recentes nesse sentido, gostaria de recordar em particular os argumentos expostos em *Atheism and Theism* (1996) pelo próprio Haldane, o qual, contestada a convicção kantiana sobre a impossibilidade de raciocínios que levam do mundo a Deus, reformula, usando instrumentos analíticos, os argumentos cosmológicos e teleológicos de matriz tomista, no contexto de uma forte apreciação da teologia natural do Aquinate; e, além disso, os argumentos usados por Barry Miller em *From Existence to God* (1992), obra na qual é reproposto o argumento cosmológico como argumento dedutivo sobre a base da distinção de Tomás entre essência e existência, e mais recentemente em *The Fullness of Being* (2002), e também por Mark Wynn em *God and Goodness* (1999), uma original reformulação do argumento teleológico que desenvolve algumas intuições presentes na concepção do Aquinate sobre Deus.[16]

David Braine em uma das mais agudas contribuições analíticas à teologia natural, *The Existence of God. The Project of Proving God's Existence* (1988), fundando-se em Aristóteles e

---

[15] S. T. Davis, *God, Reason and Theistic Proofs,* Edinburgh U.P., Edinburgh, 1997, p. 188.
[16] J. Haldane, "Atheism and Theism", in J. J. C. Smart e J. J. Haldane, *Atheism & Theism,* cit.; Id., "Philosophy, the Silencing of Religion and the Prospects for Religious Philosophy", in *Philosophie analytique de la religion,* in *Revue Internationale de Philosophie,* LVII (2003), n. 225, p. 349; B. Miller, *From Existence to God,* Routledge, London, 1992; Id., *The Fullness of Being,* University of Notre Dame Press, Notre Dame, 2002; M. Wynn, *God and Goodness,* Routledge, London, 1999.

Tomás de Aquino, defendeu vigorosamente o realismo epistemológico e pôs em discussão as teses kantianas sobre a teologia natural, repetindo mais uma vez a óbvia conexão entre formulações de realismo metafísico e epistemologia e renascimento da teologia natural.[17] Certamente não é casual que justamente na *Aquinas Lecture,* de 2001, William P. Alston tenha indicado os modos nos quais o antirrealismo entra em oposição consigo mesmo e é, portanto, internamente incoerente: o tipo de realismo metafísico do qual Alston trata opõe-se à tese segundo a qual a realidade é constituída ao menos em parte por nossas relações cognitivas com ela, pelos modos com os quais a conceitualizamos ou a construímos, pela linguagem que usamos para falar dela ou pelo esquema teórico que usamos para nela pensar, tipo de antirrealismo cuja derivação de pressuposições kantianas é sublinhada por Alston.[18]

Nesse âmbito, merece ser recordado o papel desempenhado por Norman Kretzmman em tornar o pensamento do Aquinate relevante nas discussões recentes sobre termos-chaves da teologia filosófica.[19] Em "The Metaphysics of Theism. Aquinas's Natural Theology", in *Summa contra gentiles I* (1997), Kretz-

---

[17] D. Braine, *The Reality of Time and the Existence of God. The Project of Proving God's Existence,* Clarendon Press, Oxford, 1988, p. 22, 199-201, 225ss., 236ss.
[18] W. P. Alston, *A Sensible Metaphysical Realism,* Marquette U. P., Milwaukee, 2001. Cf. Id., *A Realist Conception of Truth,* Cornell U. P., Ithaca, 1996; Id., (ed.), *Realism & Antirealism,* Cornell U. P, Ithaca, 2002. Também relativamente a Tomás, cf. enfim W. P. Alston, "Realism and the Christian Faith", in "International Journal for Philosophy of Religion", XXXVIII (1995), p. 37-60 (em particular, p. 39, 46, 53, 59).
[19] Cf. N. Kretzmann, "The Metaphysics of Theism. Aquinas's Natural Theology", in *Summa contra gentiles I,* Clarendon Press, Oxford, 1997; Id., *The Metaphysics of Creation,* Clarendon Press, Oxford, 1999. Cf. o "Symposium" sobre Kretzmann, in *Religious Studies,* XXXIX (2003), p. 249-298.

mann sustenta que os métodos da teologia natural são a análise e a argumentação, os métodos próprios da filosofia, valorizados em particular pela abordagem analítica, e como em todos os outros ramos da filosofia a teologia natural submete seus resultados a uma avaliação racional. Nesse sentido, qualquer filósofo que desenvolver particulares objeções a particulares argumentos da teologia natural contribui em definitivo para os fins próprios dessa disciplina. Apresentar a confutação de um argumento pela existência de Deus constitui um caso paradigmático de objeção filosófica, que de per si não implica minimamente uma atitude negativa para com o empreendimento como tal da teologia natural, para cujo interior argumento contestado havia sido proposto (como exemplo dessa atitude eu sugeriria citar o livro de Anthony Kenny, *The Five Ways,* de 1969: aqui os célebres argumentos de Tomás são submetidos à crítica em um contexto no qual se pressupõe não só a legitimidade, mas também a relevância da teologia natural na mesma formulação do Aquinate).[20] Naturalmente, Kretzmann tem consciência de que às vezes a crítica ateológica pode ser desenvolvida ao ponto de constituir a base para o repúdio do empreendimento todo por razões filosóficas (e talvez se aproximem desse ponto, em minha opinião, apesar do respeito que em linha de princípio exprimem pela teologia natural J. L. Mackie, em seu autorizado volume *The Miracle of Theism,* de 1981, e mais recentemente Nicholas Everitt, em *The Non-existence of God*).[21] Também sob esse aspecto a teologia natural se-

---

[20] N. Kretzmann, "The Metaphysics of Theism. Aquinas's Natural Theology", in *Summa contra gentiles I,* cit., p. 2-4. A. Kenny, *The Five Ways,* cit.
[21] J. L. Mackie, *The Miracle of Theism,* Clarendon Press, Oxford, 1982; N. Everitt, *The Non-existence of God,* Routledge, London, 2003. Cf. também J. H. Sobel, *Logic and Theism,* Cambridge U.P., Cambridge, 2004.

gue as sortes da metafísica, que às vezes os filósofos chegam a repudiar em sua inteireza. Para Kretzmann, a razão pela qual a metafísica e a teologia natural renascem continuamente de suas cinzas em formas sempre novas é que as questões fundamentais que elas levantam estão inegável e irresistivelmente subjacentes à estrutura da pesquisa racional. Kretzmann define a teologia natural, em bases tomistas, também em relação à posição de Alston. Na definição que William P. Alston oferece da teologia natural em *Perceiving God* (1991), ela não se restringe à formulação de argumentos pela existência de Deus, mas "inclui as tentativas de mostrar que podemos obter a melhor compreensão desta ou daquela área de nossa experiência, desta ou daquela esfera de interesse – a moralidade, a vida humana, a sociedade, a maldade humana, a ciência, a arte, a matemática ou qualquer outra coisa – se nos pusermos no ponto de vista de uma metafísica teísta ou mais especificamente cristã".[22] Kretzmann observa que Tomás de Aquino teria estado de acordo com estender a teologia natural para além dos simples argumentos teístas, mesmo que não numa medida tão ampla. Em particular Kretzmann aprecia, também em relação ao Aquinate, a caracterização da teologia natural como "metafísica teísta", atribuindo a ela um papel bastante mais relevante do que aquele que é preponderante em Alston, a saber, o de uma das fontes da justificação epistêmica da crença religiosa.[23]

No âmbito da filosofia analítica, Swinburne é o filósofo que tratou mais sistematicamente temas de teologia natural. Deve-se notar que, embora o desenvolvimento efetivo da teologia racio-

---

[22] W. P. Alston, *Perceiving God,* Cornell U.P., Ithaca, London, 1991, p. 289.
[23] N. Kretzmann, *The Metaphysics of Theism,* cit., p. 6, 9, 21.

nal de Swinburne se inspire só em parte no projeto de Tomás (não concorda com ele sobre o caráter "dedutivo" dos argumentos teístas), suas conclusões sobre o tema das relações entre fé e razão, como ele mesmo se exprime, são "o mais das vezes no espírito do Aquinate".[24]

Naturalmente, a contribuição de John Haldane é muito mais ampla do que como foi indicado acima, também pela consciência histórica que o acompanha. Em sua contribuição para o fascículo, supramencionado, de "New Blackfriars", de 1999, dedicado ao tomismo analítico, ele observa que alguns dos temas centrais da filosofia analítica contemporânea, como a intencionalidade, a normatividade, a causalidade e a explicação, o holismo e o reducionismo, o realismo e o antirrealismo foram também proeminentes no pensamento tomista e neoescolástico da Idade Média e depois dela.[25] Haldane insiste certamente na importância dos recursos tomistas para a solução dos problemas filosóficos contemporâneos; propõe uma consideração "tomista-wittgensteiniana" da formação dos conceitos, oferece por diversas vezes importantes reflexões sobre o tema das relações, no pensamento contemporâneo, entre religião e filosofia, e identifica temas comuns entre filosofia analítica e tomismo, mas, como sucede no recente ensaio *The Spirit of Thomism and the Task of Renewal,* põe em luz, o modo pelo qual os filóso-

---

[24] R. Swinburne, *Faith and Reason*, Clarendon Press, Oxford, 1981, p. 102. Sobre a relação entre o conceito de verdade e a determinação da relação razão-fé, com referência a Tomás de Aquino, cf. A. MacIntyre, "Truth as a Good: a Reflection on Fides and ratio", in J. McEvoy & M. Dunne (eds.), *Thomas Aquinas: Approach to Truth,* cit., p. 141-157.
[25] J. Haldane, "Thomism and the Future of Catholic Philosophy", in *New Blackfriars*, LXXX (1999), p. 158-171.

fos analíticos abordam questões filosóficas, também algumas "omissões", que representam sérias "deficiências" intelectuais, morais e espirituais.[26]

No plano da filosofia da religião e da teologia filosófica, o tomismo analítico não é compreensível fora do quadro histórico-teórico que procurei descrever em outros trabalhos meus, nos quais insisti no florescimento de análises do conceito de Deus, dos atributos divinos e do interesse da filosofia analítica pela correta formulação dos argumentos teístas, também à luz da tradição tomista, mostrando que esses desenvolvimentos foram possibilitados pelo abandono do racionalismo fundacionalista e também do ceticismo metateológico inspirado em pressupostos empiristas, mas também da superação da impostação do problema epistemológico a partir da resposta à objeção cética e, portanto, da renovada confiança racional na intencionalidade estrutural da cognitividade humana e na intrínseca inteligibilidade e flexibilidade analógica da linguagem. Um dos traços característicos da recente filosofia analítica da religião, com relação a outros endereços contemporâneos de pesquisa, é a circunstância de que ela não se resolve em um estudo do fenômeno religioso, mas, especialmente nos setores mais abertamente empenhados na teologia filosófica, toma em exame diretamente problemas de natureza metafísica, em particular o problema da existência e dos atributos de Deus. Mostrei, enfim, que a tendência histórica para o aprofundamento da

---

[26] J. Haldane, "Analytical Thomism: A Prefatory Note", in *The Monist*, LXXX (1997), p. 485-486; Id., "The Source and Destination of Thought", in P. Helm (ed.), *Referring to God*, Curzon, Richmond, 2000, p. 15-33; Id., *Philosophy, the Silencing of Religion and the Prospects for Religious Philosophy*, cit.; Id., *The Spirit of Thomism and the Task of Renewal*, cit., p. 70-71.

discussão sobre a análise dos predicados divinos e sobre argumentos teístas é conexa com fatores *internos* da tradição analítica, em particular com a preeminência dada à análise, também no sentido do esclarecimento conceitual e do controle da coerência interna e das compatibilidades lógicas, mas também ao estilo argumentativo como estrutura de sustentação do discurso filosófico. A análise conceitual separada de toda relação *necessária* com pressupostos de tipo empirista ou com esquemas conceituais ou metafísicos naturalistas, *aplicada à crença religiosa,* toma naturalmente a via da teologia filosófica numa direção que, a juízo de alguns estudiosos, a aproxima de algumas posições da escolástica no mesmo âmbito de pesquisa.[27]

---

[27] M. Micheletti, *Filosofia analitica della religione,* cit., p. 18-22, 88, 125ss., 167. Sobre os atributos divinos, cf. E. R. Wierenga, *The Nature of God,* Cornell U. P., Ithaca, London, 1989. Sobre a relação com Tomás e a escolástica, cf. C. Hughes, "Filosofia della religione", in F. D'Agostini e N. Vassalo (eds.), *Storia della filosofia analitica,* cit., p. 392, 424; Id., *On a Complex Theory of a Simple God. An Investigation in Aquinas' Philosophical Theology,* Cornell U.P., Ithaca, London, 1989; Id., "Aquinas on God's Knowledge of Future Contingents", in J. Haldane (ed.), *Mind, Metaphysics and Value in the Thomistic and Analytical Traditions,* cit., p. 143-159. D. S. Oderberg, "Hylomorphism and Individuation", in J. Haldane (ed.), *Mind, Metaphysics and Value in the Thomistic and Analytical Traditions,* cit. p. 125, sustenta até que "a filosofia analítica é hoje a única herdeira legítima da escolástica". Dever-se-ia considerar também os estudos sobre Tomás originados no clima criado pelo tomismo analítico. Cf., além dos textos já citados de Davies, Kretzmann, Kenny, Martin, Stump já mencionados, entre os outros D. B. Burrell, *Aquinas, God and Action,* Routledge & Kegan Paul, London, 1979; N. Kretzmann e E. Stump (eds.), *The Cambridge Companion to Aquinas,* Cambridge U.P., Cambridge, 1993; J. I. Jenkins, *Knowledge and Faith in Thomas Aquinas,* Cambridge U.P., Cambridge, 1997; E. Stump, "The God of Abraham, Saadia and Aquinas", in P. Helm (ed.), *Referring to God, cit.*, p. 95-119. Por ter aparecido muito tarde, não pôde ser tomado em consideração aqui o livro de C. Paterson e M. S. Pugh (eds.), *Analytical Thomism,* Ashgate, Aldershot, 2006.

Capítulo Quinto

Ética

No âmbito da ética, a presença de Tomás de Aquino se nota sobretudo nas tendências voltadas para a reinterpretação, no contexto da filosofia moral contemporânea, das tradições que se inspiram, de um lado, na lei moral natural,[1] e, do outro, na ética das virtudes. Os primeiros nomes que vêm à mente em relação às duas tendências são respectivamente os de John Finnis[2] (cuja interpretação da lei moral natural deu ocasião, aliás, a

---

[1] Um dos ensaios reunidos no citado *God and the Soul* de Geach era dedicado a "The Moral Law and the Law of God" (P. T. Geach, *God and the Soul*, cit., p. 117-129). Cf. R. P. George (ed.), *Natural Law Theory. Contemporary Essays*, Oxford U.P. Oxford, 1992; Id., (ed.), *Natural Law, Liberalism and Morality, Contemporary Essays*, Clarendon Press, Oxford, 1996; Id. (ed.), *Natural Law and Moral Inquiry. Ethics, Metaphysics and Politics in the Work of Germaine Grisez*, Georgetown U.P., Washington, 1998; Id., *In Defense of Natural Law*, Clarendon Press, Oxford, 1999; R. P. George e C. Wolfe (eds.), *Natural Law and Public Reason*, Georgetown U.P, Washington, 2000; R. P. George, *Natural Law*, Ashgate, Aldershot, 2003; J. Porter, *Natural & Divine Law*, William B. Eerdmans, Grand Rapids, Michigan/Cambridge, U.K., 1999; F. Di Blasi, *Dio e la legge naturale. Una rilettura di Tommaso d'Aquino*, ETS, Pisa, 1999; N. Biggar e R. Black (eds.), *The Revival of Natural Law. Philosophical, Theological and Ethical Responses to the Finnis-Grisez School*, Ashgate, Aldershot, 2000; E. Frankel, F. D. Miller, Jr. e J. Paul (eds.), *Natural Law and Modern Moral Philosophy*, Cambridge U.P., Cambridge, 2001; M. W. F. Stone, "Practical Reason and the Orders of Morals and Nature in Aquinas's Theory of the *Lex Naturae*", in J. Haldane (ed.), *Mind, Metaphysics and Value in the Thomistic and Analytical Traditions*, cit., p. 195-212.
[2] Cf. principalmente J. Finnis, *Natural Law and Natural Rights*, Clarendon Press, Oxford, 1980; Id., *Fundamentals of Ethics*, Clarendon Press, Oxford, 1983; Id., *Moral Absolutes*, The Catholic University of America Press, Washington, 1991; Id., *Aquinas. Moral, Political and Legal Theory*, Oxford U.P., Oxford, 1998.

muitas reações no tomismo) e Alasdair MacIntyre.[3] As duas tendências não são necessariamente opostas. O próprio MacIntyre no *Postscript* da segunda edição de *After Virtue* sublinha que na vida constituída fundamentalmente sobre a base da obediência à lei divina podem ter plena expressão aquelas virtudes que são as únicas a permitir à pessoa conseguir seu fim último,[4] ao passo que em *Three Rival Versions of Ethical Theory* e em *Dependent Rational Animals* sublinha que as normas ou regras são necessárias, mesmo que seu sentido se manifeste somente em relação com o exercício das virtudes e com o modo de ser e de viver que caracteriza o pleno desenvolvimento da pessoa.

> Compreender a aplicação de regras como parte do exercício das virtudes – observa MacIntyre – significa compreender o sentido de seguir as regras, uma vez que se pode compreender o exercício das virtudes somente nos termos da função que elas exercem na formação do tipo de vida que é o único no qual se pode conseguir o *telos* humano. As regras que são os preceitos negativos da *lei natural* não fazem mais que pôr limites àquele tipo de vida e desse modo só parcialmente definem o tipo de bondade ao qual aspirar. Separadas de seu papel para a definição e formação de todo um modo de vida, elas se tornam apenas uma série de proibições arbitrárias.[5]

---

[3] Cf. sobretudo A. MacIntyre, *A Short History of Ethics*, Routledge & Kegan Paul, London, 1967; Id., *After Virtue*, Duckworth, London, 2ª ed., 1985 (1ª ed. 1981); Id., *Whose Justice? Which Rationality?* Duckworth, London, 1988; Id., *Three Rival Versions of Moral Enquiry*, Duckworth, London, 1990; Id., *Dependent Rational Animals*, Duckworth, London, 1999.
[4] A. MacIntyre, *After Virtue*, cit., p. 278.
[5] A. MacIntyre, *Three Rival Versions of Moral Enquiry, cit.*, p. 139; cf. A. MacIntyre, "Politics, Philosophy and the Common Good" (1997), in K. Knight (ed.), *The MacIntyre Reader*, Polity Press, Cambridge, 1998, p. 247: "Strict observance of these norms of a kind that involves a practical understanding of their point and purpose,

As regras são necessárias, mas – observa MacIntyre – nenhuma espécie de regra, nem as negativas invioláveis, nem as prescrições positivas "podem constituir sozinhas um guia suficiente para a ação", de modo que "saber como agir virtuosamente implica sempre algo mais que simplesmente seguir uma regra".[6]

Naturalmente é problemático inserir com precisão as posições diferentes de Finnis e MacIntyre no contexto da tradição analítica. MacIntyre, no termo de um itinerário filosófico muito complexo, teve uma atitude polêmica em relação às linhas fundamentais da ética analítica, não somente por sua peculiar apreciação da tradição aristotélico-tomista, mas também, e sobretudo, pela atenção à dimensão *histórica* da pesquisa ética. Por outro lado, é evidente sua dívida com a posição de Elizabeth Anscombe, cujo célebre artigo *Modern Moral Philosophy* (1958) está certamente entre os textos situados na origem do florescimento atual da ética das virtudes.

No *topos* da relação, em Tomás, entre a ética da lei natural e a ética da virtude, pronunciou-se recentemente com autoridade uma estudiosa de formação tomista *e* analítica como Eleonore Stump.

---

rather than a mere fetishism of rules, requires the cultivation and exercise of the virtues of prudence, tempereteness, courage and justice. So the life of such a society will embody to some significant extent a shared practical understanding of the relationships between goods, rules and virtues, an understanding that may or may not be articulated at the level of theory, but that will be embodied in and presupposed by the way in which immediate practical questions receive answers in actions".

[6] A. MacIntyre, *Animali razionali dipendenti. Perché gli uomini hanno bisogno delle virtù*, trad. it., Vita e Pensiero, Milano, 2001, p. 91; D. Solomon, "MacIntyre and Contemporary Moral Philosophy", in M. C. Murphy (ed.), *Alasdair MacIntyre*, Cambridge U.P., Cambridge, 2003, p. 114-151, em particular p. 131: "Unlike the idealized virtue theorist of the canonical view, MacIntyre gives rules a central place and returns to the topic of the place of rules in an adequate theory repeatedly".

É um erro – afirma ela – considerar a teoria tomasiana da ética como construída sobre leis. Antes de tudo, embora a lei natural seja uma codificação da ética, as leis não fundam a ética, mas se limitam a exprimir o que se funda na natureza das coisas ou nos acordos convencionais entre os seres humanos... Em segundo lugar, o modo pelo qual Tomás estrutura sua teoria ética não se funda em leis ou regras. Ao contrário, são as virtudes que constituem o princípio que estrutura sua exposição da ética. Além disso, também na descrição e análise das virtudes, ele dedica pouquíssimo espaço às regras que codificam aquelas virtudes ou prescrevem o modo pelo qual agiria uma pessoa virtuosa.[7]

John Haldane, por sua vez, observou agudamente que a passagem de uma ética da lei para uma ética das virtudes não consiste tanto numa mudança de direção quanto na aquisição de um novo princípio de movimento partindo do interior (*ab intrinseco*, como diziam os escolásticos); mediante esse princípio a pessoa pode atingir a mesma meta para a qual se tinha orientado antes.[8]

Em sua contribuição sobre a ética no fascículo monográfico de *New Blackfriars*, dedicado ao tomismo analítico, Tymothy Chappell não hesita em inserir MacIntyre, Finnis e Grisez entre os filósofos analíticos tomistas ou abertos à influência tomista em um elenco que compreende Philippa Foot e Elizabeth Ans-

---

[7] E. Sump, *Aquinas,* cit., p. 310-311. Cf. também ibid., p. 62: "I want to examine the metaphysics of goodness that underlies all of Aquinas's ethics. The metaphysics supplies for his virtue-based ethics the sort of meta-ethical foundation that some contemporary virtue-centered ethics has been criticized for lacking".

[8] J. Haldane, *Faithful Reason,* cit., p. 159. Sobre a ética das virtudes, cf. M. Micheletti, "Virtù private, pubbliche virtù. Moralità personale ed etica publica nella recente filosofia morale", in *Prospettiva EP*, XVII (1995), n. 1, p. 19-41; Id., "La riscoperta delle virtù nell'etica filosofica recente", in *Cultura e educazione*, X, n. 5/6 (maggio-agosto 1998), p. 52-62; Id., "Il dibattito filosofico sulla compassione", in *Prospettiva EP*, XXVII (2004), n. 2-3, p. 199-212.

combe, John Haldane, Robert e Marylin McCord Adams, McInerny e, entre os mais jovens, além de si mesmo, Robert George, Christopher Martin, David Oderberg, Hayden Ramsay, Henry Richardson e Daniel Westberg.[9]

Gostaria de concentrar-me mais na fase inicial daquele desenvolvimento da ética analítica que tornou necessário um confronto seu com posições aristotélico-tomistas através do ensinamento e dos escritos de Elizabeth Anscombe, Peter Geach e Philippa Foot.

Em *Modern Moral Philosophy* (1958),[10] Tomás, embora não citado pela Anscombe, estava claramente presente no fundo das discussões sobre a lei divina e as virtudes. Anscombe não sugeria somente a inconsistência moral do *consequencialismo,* mas também, com uma metodologia que recordava claramente alguns aspectos da impostação wittgensteiniana, mostrava o vazio semântico de uma deontologia privada de toda referência necessária ao conceito originariamente constitutivo de lei divina e a ausência de uma plausível antropologia e psicologia moral. Não por acaso Anscombe sugeria para a filosofia moral uma direção voltada para explicitar as normas fundadas sobre as condições efetivas e necessárias para se alcançar a perfeição humana, sobre as características de uma vida marcada pelas *virtudes,* e voltada, ainda antes, para explicar adequadamente os conceitos de "ação humana", de "virtude" e de uma vida humana "plenamente realizada" (*human "flourishing"*). Segundo Anscombe, sem o conceito de "lei divina" não é possível, como se dá na moderna ética

---

[9] Cf. *New Blackfriars*, LXXX (1999), p. 172-174.
[10] G. E. M. Anscombe, "Modern Moral Philosophy", in *The Collected Philosophical Papers of G. E. M. Anscombe,* vol. III: *Ethics, Religion and Politics,* Blackwell, Oxford, 1981, p. 26-42.

deontológica, especialmente de inspiração kantiana, conservar uma concepção da ética fundada na lei (a ideia de autolegislação é absurda); não tem sentido falar de "obrigação *moral*" a não ser com uma indébita e vazia ênfase no adjetivo "moral".

Sobre o conceito de lei natural, no sentido de Tomás de Aquino, como *"participatio legis aeternae in rationali creatura"*, Elizabeth Anscombe já tinha se detido em um escrito de 1939, *The Justice of the Present War Examined*. A ideia de lei moral natural, segundo a tese de fundo desse ensaio, perdeu-se para os homens modernos. Todavia, sem ela, os homens não podem viver em paz em si mesmos, nem socialmente, nem nas relações internacionais. De fato, a lei natural é a lei da natureza própria do homem que mostra qual é o uso apropriado de suas funções, como deve ele escolher agir em âmbitos nos quais sua vontade é livre, se sua natureza deve chegar a sua realização. A razão pode descobrir por si mesma os ditames fundamentais dessa lei, mesmo que seja controlada e garantida pela divina revelação na Sagrada Escritura. "Se o homem não viver segundo a sua natureza, não conseguirá seu fim."[11]

Existe uma passagem, em *Modern Moral Philosophy*, na qual Anscombe acena para o tipo de combinação que pode ser encontrado entre ética da lei divina e ética das virtudes. "Ter uma concepção da ética fundada na *lei* significa sustentar que o que é necessário para a conformidade com as virtudes é requerido pela lei divina; de fato, a falha nessa conformidade é o sinal do ser mau como homem (e não simplesmente, suponhamos, como

---

[11] G. E. M. Anscombe, "The Justice of the Present War Examined (1939)", in *The Collected Philosophical Papers of G. E. M. Anscombe*, vol. III: *Ethics, Religion and Politics*, cit., p. 72-81, em particular p. 73. Sobre a teoria do "duplo efeito", cf. p. 78.

artesão ou lógico)."[12] Na parte final do artigo, Anscombe sugere que se retorne ao uso normal de "dever", sem a ênfase *moderna* no adjetivo "moral", para mostrar que o homem *deve* fazer só ações *virtuosas,* só ações *justas,* se sua vida deve *realizar-se plenamente* em seus aspectos *essenciais,* se ele quer conseguir o pleno "florescimento" humano, mesmo que reconheça a dificuldade filosófica de explicar adequadamente a natureza humana, o agir humano, o tipo de característica formado pela virtude e a noção de *eudaimonia* ou de "florescimento" humano.

Em *Good and Evil* (1956), P. T. Geach se refere a Tomás de Aquino para justificar sua escolha de ignorar deliberadamente a "suposta distinção", sublinhada por Ross, entre as noções de "justo" ou "moralmente correto" e "bom".

> Em Tomás não há essa distinção. Ele considera suficiente falar de atos humanos bons e maus. Quando Ross dissesse que há uma ação moralmente boa, mas não um ato moralmente correto, Tomás diria que uma boa intenção humana desembocou naquilo que, de fato, é uma má ação; e quando Ross dissesse que nos encontramos diante de um ato correto, mas não diante de uma ação moralmente boa, Tomás diria que há um ato humano mau, realizado em circunstância na qual um ato semelhante com uma intenção diferente seria um ato bom.[13]

---

[12] G. E. M. Anscombe, *Modern Moral Philosophy, cit.,* p. 30. D. Richter, *Ethics After Anscombe,* Kluwer, Dordrecht/Boston/London, 2000, p. 1-4, afirma que é mérito principalmente da Anscombe que a ética das virtudes esteja hoje entre as principais posições da ética normativa, ao lado do utilitarismo e da deontologia de matriz kantiana, e nota que para Anscombe não há oposição entre a ética das virtudes e a ética tomista da lei natural.

[13] R. T. Geach, "Good and Evil", in *Analysis,* XVII (1956), reimpresso em P. Foot (ed.), *Theories of Ethics,* Oxford, U.P., Oxford, 1967 (reimpresso 1970), p. 64-73, em particular p. 73. Cf. W. D. Ross, *The Right and the Good,* Oxford U.P., Oxford, 1930.

Essa observação se encontra em um artigo no qual Geach propõe, contra os filósofos morais, que ele chama de *Objectivists* (provavelmente Moore e Ross) e contra os *Oxford Moralists (in primis* os prescritivistas, Hare), a distinção lógica entre adjetivos *atributivos* e *predicativos*. Geach sustenta que adjetivos avaliativos como "bom" são atributivos, não predicativos. Para se compreender seu significado é necessário saber a que coisa são eles atribuídos. A bondade em uma coisa não é a mesma em outra coisa. Já que "bom" em um sentido moral é atributivo, os critérios para seu uso correto, segundo Geach, dependem necessariamente, por exemplo, daquilo que uma pessoa é. "'Bom' e 'mau' são sempre adjetivos atributivos, não predicativos... Mesmo quando estão numa posição predicativa e são, portanto, gramaticalmente predicados, deve-se subentender um substantivo; não há alguma coisa como ser simplesmente bom ou mau, há só um ser um bom ou mau tal de tal ou tal coisa."[14] Contra Hare, isso significa que o significado avaliativo desses termos, que desempenham também uma função de guia para a ação, não pode ser separado do descritivo no uso que é feito deles, ou então que não se pode falar de um *homem* bom ou de uma *ação* boa a não ser em relação à *função* que é própria do homem como tal e em relação à finalidade para a qual é dirigida a ação ou para as características que a constituem. No livro *The Virtues* (1978) não casualmente Geach segue então Aristóteles e Tomás, afirmando que as virtudes são necessárias, no sentido de que sem elas o homem não pode alcançar seu *fim*. Geach deve, então, sustentar abertamente que

---

[14] Ibid., p. 64-65. Cf. também, em relação às objeções feitas por Hare, W. D. Hudson, *A Century of Moral Philosophy*, Lutterworth Press, Guilford and London, 1980, p. 147, 149.

as perguntas "qual é a função própria do homem?", "para que coisa foi feito?" têm sentido, que tem sentido procurar, por mais difícil que seja, uma resposta para essas perguntas, mesmo que, para Geach, a necessidade das virtudes *cardeais* possa ser estabelecida sem se responder a essas perguntas, porque elas são exigidas em qualquer projeto, em qualquer empreendimento digno de grande alcance. Nessa perspectiva teleológica deve-se considerar aquilo de que os homens *têm necessidade* (para a consecução de seu fim) e não aquilo que *desejam*. Os fins humanos podem ser identificados na medida em que as atividades humanas podem ser submetidas a uma explicação teleológica.[15]

É difícil superestimar o papel que Tomás de Aquino teve na orientação do desenvolvimento das ideias éticas de Philippa Foot em desacordo com as que prevaleciam no âmbito analítico. No prefácio ao livro *Virtues and Vices* (1978) a própria Foot observa a propósito dos ensaios reunidos nele:

---

[15] P. T. Geach, *The Virtues*, Cambridge U.P., Cambridge, 1977, p. 9-13. Ignorar essa teologia em favor de um código moral "adotado livremente" leva ao desastre (p. 18). "Other moral standards at odd with what by nature men are for would lead to disaster less quickly and less dramatically but no less surely" (p. 19). Deve-se notar, contudo, que Geach exprime perplexidade a respeito da tese aristotélico-tomista da unidade das virtudes (cf. p. 163). Cf. as observações a respeito da sensibilidade de Tomás no tocante a alguns pontos importantes de lógica formal, em conexão com a necessidade, notada por Tomás, de um aparato lógico que lhe permitisse não sair do caminho em questões teológicas fundamentais (p. 43). Sobre esse ponto, cf. também P. T. Geach, *Logic Matters*, cit., p. 301. Ainda com relação a Geach, sobre o tema do caráter não meramente instrumental das virtudes e sobre a unidade das virtudes, veja as interessantes observações de C. Martin, "Virtues, Motivation and the End of Life", in Luke Gormally (ed.), *Moral Truth and Moral Tradition,* Essays in Honour of Peter Geach and Elizabeth Anscombe, Four Courts Press, Dublin, 1994, p. 111-132 (em particular, p. 116, 121ss., 129ss.).

Dois temas atravessam muitos desses ensaios: a oposição ao emotivismo e ao prescritivismno, e o pensamento de que uma sã filosofia moral deve partir de uma teoria das virtudes e dos vícios. Foi lendo Tomás de Aquino sobre as virtudes que me tornei desconfiada das teorias contemporâneas a respeito da relação entre "fato" e "valor".[16]

Mais em geral, no ensaio *Von Wright on Virtue* (1989) Philippa Foot recorda que o estudo da ética, para filósofos como Aristóteles e Tomás de Aquino, foi em grande parte um estudo das virtudes, e "como os fundamentos da moralidade ocidental foram postos pelos gregos e pelos pensadores cristãos, seria surpreendente que nós pudéssemos negligenciar esse argumento sem perder nada".[17]

Não me proponho aqui reconstituir todo o itinerário ético-filosófico de P. Foot. Limito-me a assinalar a incidência do Aquinate em seu pensamento. No ensaio *Virtues and Vices,* no quadro de uma apreciação da ética de Tomás, também em relação com Aristóteles, Foot observa:

> Em minha opinião, a *Summa Theologica* é uma das melhores fontes das quais dispomos para a filosofia moral, e, além disso, os escritos éticos de santo Tomás são úteis tanto para o ateu quanto para o católico ou para um outro crente cristão.[18]

---

[16] P. Foot, *Virtues and Vices and Other Essays in Moral Philosophy,* Blackwell, Oxford, 1981 (1ª ed., 1978), p. XI-XII.
[17] P. Foot, *Moral Dilemmas and Other Topics in Moral Philosophy,* Oxford U.P., Oxford, 2002, p. 105.
[18] Id., *Virtues and Vices,* cit., p. 1-2. O ensaio *Virtues and Vices* foi publicado pela primeira vez nesse volume (1978).

Uma tese específica de Tomás, e para Foot controversa, discutida nesse ensaio, além de no citado *Von Wright on Virtue,* é aquela segundo a qual as virtudes podem produzir só boas ações e são disposição das quais não se pode fazer mau uso ou um uso para fins maus.[19]

Um outro tema específico que Philippa Foot discute, tanto no ensaio *Moral Relativism* (1979) como no recente volume *Natural Goodness (*2001), é o da "consciência errônea", ao qual pode juntar-se aquele discutido já no famoso ensaio *Euthanasia* (1977), no qual Foot remete a Tomás para uma discussão sobre a ignorância culpável e a não culpável.[20] Foot convida a tratar separadamente essas duas proposições: (1) pratica-se uma ação má agindo-se contra a própria consciência, e (2) age-se bem seguindo-se seus ditames. "Parece considerado certo pelos moralistas contemporâneos que as duas proposições estão no mesmo plano e que não devem ser consideradas separadamente; mas essa atitude é curiosa, uma vez que Tomás de Aquino, que teria estrenuamente expressado seu desacordo, escreveu vigorosamente contra essa tese. Ele sustentou que age mal quem age contra a própria consciência, seja qual for a coisa que ela lhe diga que faça, de modo que também uma consciência errônea 'vincula'. Não se segue, contudo, que quem segue sua consciência aja necessariamente bem."[21] Foot sublinha que Tomás preenche uma *assimetria* fundamental entre os conceitos de malícia e bondade, porque um só defeito é suficiente para tornar defeituosa qualquer coisa, ao passo que um só mérito não basta para torná-la boa, assimetria que, na reflexão, deve afinal parecer "parte de nosso modo de pensar".[22] Os textos de

---

[19] Ibid., p. 14-15; *Moral Dilemmas,* cit., p. 108-109.
[20] Id., *Virtues and Vices and Other Essays in Moral Philosophy,* cit., p. 59-60.
[21] Id., *Moral Dilemmas,* cit., p. 29.
[22] Ibid., p. 29-30; P. Foot, *Natural Goodness,* Clarendon Press, Oxford, 2001, p. 73-75.

Tomás aos quais Foot se refere são sobretudo *Summa Theologiae* 1a 2ae, q. 6, a. 8; q. 18, a. 4; q. 19, aa. 5-6. Apesar das reservas que exprime sobre alguns pontos (em particular sobre a inescusabilidade de erros *de princípio*), é evidente a admiração por todo o estabelecimento da discussão tomasiana sobre esse argumento, julgada "um maravilhoso exemplo de exposição de filosofia moral".[23] Seria interessante ler todo o livro *Natural Goodness* à luz de Tomás. A especificidade da moralidade, enquanto conexa com a natureza do *homem*, é posta em evidência pela Foot com as *categorias* de Tomás, em particular através do conceito de escolha (*electio*), do exercício da escolha e da capacidade do homem de agir com base em *razões*. "Os homens têm o poder de *ver as razões* para agir de um modo e não de outro; podem perguntar-se *por que* deveriam fazê-lo".[24] A última obra de Foot confirma assim a convicção expressa muitos anos antes, e por mim já recordada, de que a S*umma Theologica* constitui "um dos melhores recursos dos quais dispomos para a filosofia moral".

---

[23] Id., *Natural Goodness,* cit., p. 73.
[24] Ibid., p. 53-56.

CONCLUSÃO

Limitei-me nesta breve *resenha* a uma exposição *esquemática* dos aspectos que testemunham a presença de Tomás de Aquino na recente filosofia analítica e que razoavelmente podem induzir a falar do "tomismo analítico" como de uma tendência relevante, ou de uma abordagem metodológica significativa no âmbito da cultura filosófica atual.

Mostrei que se pode falar de "tomismo analítico", distinguindo-se níveis diferentes no discurso: há, antes de tudo, desenvolvimentos da filosofia analítica no plano lógico e no epistemológico, e também da filosofia da mente, que tornaram possível uma retomada significativa de temas próprios da filosofia escolástica e, em particular, de Tomás de Aquino, seja na base de um difuso aristotelismo, que se pode encontrar na raiz da filosofia analítica, especialmente de modelo oxoniense, seja como consequência específica da crítica de Wittgenstein ao mentalismo cartesiano e, ao mesmo tempo, ao representacionalismo, especialmente de matriz empirista; há ainda, de modo *convergente* e em um clima de *diálogo* e de confronto positivo (que torna razoável falar de tomismo analítico!), seja contribuições específicas de filósofos analíticos, competentes no âmbito do tomismo, os quais tomaram Tomás como um importante ponto de referência em alguns setores do pensamento filosófico, particularmente nos campos da filosofia da mente, da epistemologia, da ética e da teologia filosófica, seja filósofos tomistas, que usam com proveito os instrumentos oferecidos pela tradição analítica como consentâneos com a atividade filosófica desenvolvida por eles.

Naturalmente, o exame que fiz exerce só a função de um dever preliminar a respeito dos mais importantes (1) de uma verificação pontual, no plano histórico-teorético, da pertinência de tais referências ao pensamento do Aquinate; (2) de uma reflexão sistemática sobre o sentido histórico de tais desenvolvimentos recentes da filosofia analítica em relação com a tradição tomista, e sobre sua relevância teorética, enquanto diz respeito à filosofia da mente, à epistemologia, à ética, à metafísica e à teologia filosófica em particular, e (3) de um empenho direto em cada um desses âmbitos de pesquisa.

Os dados que ofereci me parecem, todavia, suficientes para se identificar no tomismo analítico uma tendência de notável relevo, não só no *tomismo* contemporâneo, mas também em relação a *todo o quadro filosófico* hodierno.

Apêndice

O Renascimento da Teologia Natural na Filosofia Analítica

1. Metafísica, filosofia da religião, teologia natural

O renascimento da teologia natural no pensamento contemporâneo está em conexão, na maioria das vezes, com alguns desenvolvimentos teóricos internos da filosofia analítica.[1] Embora esse renascimento não deixe de ter relações com o conhecido e recente florescimento de estudos metafísicos no âmbito analítico, não seria correto considerá-lo como uma simples manifestação colateral da metafísica analítica. Minha tese é que o renascimento da teologia natural se deu historicamente depois de desenvolvimentos internos da *filosofia analítica da religião* e que ele implica não só o emprego de instrumentos conceituais tornados disponíveis pela ontologia analítica, mas também um aprofundamento dela na direção da procura das causas primeiras e dos fundamentos teístas da realidade. A esse respeito, existe uma curiosa assimetria entre as duas perspectivas (ontologia e

---

[1] Cf. R. Swinburne, "Philosophical Theism", in D. Z. Phillips e T. Tessin (eds.), *Philosophy of Religion in the 21st Century*, Palgrave, Basingstoke, 2001, p. 4-5. S. T. Davis, *God, Reason and Theistic Proofs,* Edinburgh U. P., Edinburgh, 1997, p. 188, observa que é só entre os filósofos analíticos (sejam eles teístas, ateus ou agnósticos) e os filósofos tomistas que se encontram hoje estudiosos interessados nas provas teístas. Não faltam, de resto, filósofos analíticos que se professem tomistas ou influenciados pelo tomismo (cf. o assim chamado "tomismo analítico").

filosofia da religião), que eu gostaria de esclarecer, confrontando algumas reflexões de Enrico Berti e Nicholas Wolterstorff. No ensaio *Ontologia o metafisica? Un punto di vista aristotelico,* Berti, mesmo reconhecendo que a filosofia analítica pertence, de pleno direito, à grande tradição filosófica ocidental, até à tradição da metafísica ocidental, põe justamente em destaque a tendência da filosofia analítica para identificar a metafísica com a ontologia e o pouco relevo dado, nos estudos analíticos de metafísica, de um lado, à ciência das causas primeiras, e, de outro, àquela parte dela que é formada pela teologia racional.[2] Com efeito, se eu tomasse como pré-eminente a perspectiva da metafísica analítica, deveria concluir que a teologia natural é pouco cultivada nela. Por outro lado, como bem mostra Nicholas Wolterstorff em *Analytic Philosophy of Religion: Retrospect and Prospect,* escrevendo *do ponto de vista da filosofia analítica da religião* e de sua história recente, a pré-eminência na teologia filosófica analítica de interesses ontológicos e metafísicos se liga ao floresci-

---

[2] E. Berti, "Ontologia o metafisica? Un punto di vista aristotelico", in C. Bianchi e A. Bottani (eds.), *Significato e ontologia,* Franco Angeli, Milano, 2003, p. 25-38. Cf., todavia, a observação de C. Bianchi e A. Bottani, *Introduzione,* ibid., p. 18: "Essa concepção de metafísica salva muito do que se encontra (e muito, cremos, do que de bom se encontra) na ideia corrente de metafísica. Por exemplo, ela converge para a ideia de metafísica como esclarecimento da noção de entidade. E não é incompatível com a ideia de que a metafísica tem por objetivo a pesquisa das causas e dos primeiros princípios de todas as coisas como oposta à pura compilação de um catálogo universal". Cf. também a observação de E. Berti, *Aristotele nel Novecento,* Laterza, Roma-Bari, 1992, p. 175: "Também Hamlyn... faz sua, em larga medida, uma metafísica de inspiração aristotélica, que, no entanto, também ele, como todos os outros filósofos analíticos considerados até agora, reduz substancialmente à ontologia, descurando completamente aquela que, para Aristóteles, era a teologia. Antes, Hamlyn afirma explicitamente que todos os problemas concernentes a Deus não entram no campo da metafísica, mas no da religião". A referência é a D. W. Hamlyn, *Metaphysics,* Cambridge U.P., Cambridge, 1984, p. 220.

mento da ontologia e da metafísica verificado nos últimos decênios. Wolterstorff sublinha tanto a importância que, para a maior parte dos filósofos analíticos da religião, o realismo metafísico assumiu no tocante ao exame do discurso sobre Deus, como o consequente desconhecimento da validade dos argumentos críticos kantianos e da legitimidade dos limites postos por Kant à possibilidade do discurso metafísico.[3] Como Wolterstorff, Peter Byrne destaca a incidência na filosofia da religião dos desenvolvimentos analíticos em campo metafísico, sobretudo dos ligados à lógica filosófica, com atenção particular à semântica dos mundos possíveis e às reflexões de Kripke sobre a necessidade. O desenvolvimento do pensamento de filósofos de destaque como Geach, Kenny e Swinburne, muito interessados também no pensamento religioso, testemunha tais conexões.[4] Byrne sublinha

---

[3] N. Wolterstorff, "Analytic Philosophy of Religion Retrospect and Prospect", in T. Lehtonen e T. Koistinen (eds.), *Perspectives in Contemporary Philosophy of Religion,* Luther-Agricola-Society, Hensilki, 2000, p. 152-170. Sobre Kant, cf., todavia, N. Wolterstorff, "Che cosa ha reso possibile la teologia filosofica nella tradizione analitica", in *Humanitas,* LIX (2004), p. 434-464 (em particular, p. 454-455).

[4] P. Byrne, "Contemporary Philosophy of Religion", in Britain in T. Lehtonen e T. Koistinen (eds.), *Perspectives in Contemporary Philosophy of Religion,* cit., p. 9-30. Cf. também R. M. Gale e A. R. Pruss (eds.), *The Existence of God,* Ashgate, Aldershot, 2002, *Introduction,* p. XI: "The later third of the twentieth century has been one of the all-time great eras for philosophical defences of theism... The significant developments in philosophical theism historically have come upon the heels of breakthroughs in the core areas of philosophy concerning meaning, knowledge, logic, and scientific methodology, which supposedly are the bailiwick of analytic philosophy". Cf. também E. T. Long (ed.), *Prospects for Natural Theology,* The Catholic University of America Press, Washington, 1992, *Preface,* p. VII: "Since the 1960s... several developments in philosophy and theology have led to renewed interest in natural theology". John Haldane não tem dúvida de que foi principalmente por razões de exatidão dialética e disciplina metafísica, e não por um fetichismo formalista, que os pensadores analíticos desenvolveram os âmbitos da lógica filosófica e da semântica: cf J. Haldane, "The Spirit of Thomism

também a importância dos estudos analíticos no âmbito da filosofia medieval – aspecto que considero particularmente interessante à luz do papel desempenhado, só para dar algum exemplo, por filósofos como Norman Kretzmann e Anthony Kenny na publicação da *Cambridge History of Later Medieval Philosophy*, pelo mesmo Kretzmann e por Eleonore Stump como organizadores do *Cambridge Companion to Aquinas*, também no âmbito da epistemologia reformada por Wolterstorff, sobre o tema do evidencialismo, com respeito à diferença entre a teologia natural praticada na tradição escolástica, especialmente em Tomás, e a apologética moderna.[5] "Grande parte do espírito do aristotelismo escolástico – foi observado – sobrevive na filosofia analítica."[6]

---

and the Task of Renewal", in J. McEvoy e M. Dunne (eds.), *Thomas Aquinas: Approaches to Truth,* Four Court Press, Dublin, 2002, p. 67-68. "Anyone who doubts the potential of this to re-inform moral philosophy and metaphysics should look to the work of such leading figures as Elizabeth Anscombe, Peter Geach and Michael Dummett" (ibid., p. 68). Sobre o problema do realismo, cf. E. Appelros, *God in the Act of Reference. Debating Religious Realism and Non-realism,* Ashgate, Aldershot, 2001; P. Byrne, *God and Realism,* Ashgate, Aldershot, 2003; M. Micheletti, "Trascendenza divina, realismo e anti-realismo nella recente filosofia analitica della religione", in *Rivista teologica di Lugano*, IX (2004), p. 25-45.

[5] Cf. N. Kretzmann, A. Kenny, J. Pinborg (eds.), *Cambridge History of Later Medieval Philosophy,* Cambridge U.P, Cambridge, 1982; N. Kretzmann e E. Stump (eds.), *The Cambrige Companion to Aquinas,* Cambridge U.P., Cambridge 1993; N. Wolterstorff, "The Migration of the Theistic Arguments. From Natural Theology to Evidentialist Apologetics", in R. Audi e W. J. Wainwright (eds.), *Rationality, Religious Belief & Moral Commitment*, Cornell U.P., Ithaca-London, 1986, p. 38-81. Cf. P. Helm, *Faith and Understanding,* Edinburgh U.P., Edinburgh, 1997, p. VII: "The connections between the medieval and the Protestant scholastic traditions, and the techniques and concerns of contemporary analytic philosophy of religion are closer than the connection of such philosophy of religion with rationalism and empiricism, or the Kantian and post-Kantian tradition".

[6] J. Haldane, *The Spirit of Thomism and the Task of Renewal,* cit., p. 68.

Nessa acentuação do papel desempenhado pela teologia natural ou pela teologia filosófica na *filosofia da religião*, está subentendido naturalmente um problema não secundário relativo à definição dessa disciplina, como mostrei em meu livro recente *Filosofia analitica della religione. Un'introduzione storica*. Em outras perspectivas históricas, como na exposta por Christopher Hughes em sua contribuição para uma *Storia della filosofia analitica*, a filosofia analítica da religião é quase identificada com a teologia filosófica.[7] O problema levantado por Berti (tornado evidente, no âmbito da teologia natural, pela circunstância de que seria grotesco interpretar a introdução da realidade divina como um simples aumento do inventário ontológico, e não como uma radical modificação de todo o quadro) não é, todavia, sem correspondência na filosofia analítica da religião. Por exemplo, David Braine em uma das mais agudas contribuições analíticas à teologia natural, *The Reality of Time and the Existence of God. The Project of Proving God's Existence,* no contexto de uma consideração sistemática dos problemas de identificação da estrutura apropriada para os argumentos causais pela existência de Deus, levanta a questão de se a metafísica deve ser medida, ao modo de Aristóteles e Tomás, pelas relações estruturais entre as realidades existentes ou, ao modo de racionalistas como Leibniz e Wolff (antecipados talvez por Scot), por princípios que se aplicam uni-

---

[7] M. Micheletti, *Filosofia analitica della religione, Un'introduzione storica,* Morcelliana, Brescia, 2002, p. 134-141. C. Hughes, "Filosofia della religione", in F. D'Agostini e N. Vassallo (eds.), *Storia della filosofia analitica,* Einaudi, Torino, 2002, p. 390-424; Id., *Filosofia della religione. La prospettiva analitica,* Laterza, Roma-Bari, 2005. Cf. R. Pouivet, "Introduction", in *Philosophie analytique de la religion,* in *Revue Internationale de Philosophie,* 2003, n. 225, p. 219-227, no qual o conteúdo da filosofia analítica da religião é considerado "afinal de contas o da metafísica das causas primeiras, isto é, da teologia natural" (p. 222).

formemente a todas as coisas, como os princípios da lógica formal, ou, até em uma perspectiva kantiana, pelas condições de possibilidade do conhecimento. Braine propõe uma estruturação realista da metafísica geral, não centrada, portanto, em um número reduzido de princípios formais aplicáveis uniformemente e cindidos da estrutura efetiva da realidade.[8] A obra de Braine é uma expressão original de uma corrente de relevo na teologia natural analítica, a aristotélico-tomista, de algum modo conexa com aquele "tomismo analítico", do qual John Haldane é talvez o principal expoente hoje, também no campo da teologia natural.[9]

Não me proponho neste breve ensaio entrar no centro das argumentações específicas sobre a realidade divina, mas desejo simplesmente deter-me *in via preliminar* nas *razões* e nos *aspectos gerais* do renascimento da teologia natural em âmbito analítico. Esse renascimento tem origens distantes. O mesmo famoso livro de 1955, *New Essays in Philosophical Theology,* embora com uma prevalência de contribuições orientadas na direção

---

[8] D. Braine, *The Reality of Time and the Existence of God. The Project of Proving God's Existence,* Clarendon Press, Oxford, 1988, p. 199-201. Cf. S. Galvan, "Presentazione", in E. Runggaldier e C. Kanzian, *Problemi fondamentali dell'ontologia analitica,* organizado por S. Galvann, Vita e Pensiero, Milano, 2002: "A ontologia analítica se tornou uma disciplina autônoma relativamente à filosofia da linguagem, em razão da convicção de que, por mais que a linguagem possa ser um instrumento essencial para o acesso à realidade, a realidade não coincide *tout court* com a linguagem" (p. XI). Cf. também as seguintes observações de E. Runggaldier e C. Kanzian: "Assim também se encontram abordagens que retomam as intuições fundamentais da filosofia *aristotélico-escolástica*... Alguns filósofos procuram os traços mais gerais das nossas estruturas linguísticas para assim tematizarem também questões fundamentais da metafísica clássica" (p. 4-5).
[9] Sobre o "tomismo analítico" remeto a M. Micheletti, "Il tomismo analitico. Una breve introduzione storica", in *Iride,* XVII (2004), p. 593-602, e agora ao ensaio publicado nessa mesma obra.

de um ceticismo radical para o conteúdo inteligível da crença religiosa, tinha a característica de chamar a atenção (mediante aquelas mesmas contribuições, e não só por meio das respostas apologéticas fornecidas no debate interno) para a centralidade da "teologia filosófica", em uma acepção que englobava tanto a teologia natural de Tomás de Aquino como as críticas de Hume aos argumentos teístas.[10] O próprio argumento de Flew pode ser lido como um episódio posterior na plurissecular história da discussão sobre a possibilidade de falar do Deus transcendente e em particular de uma pregação analógica significativa a respeito de Deus (em uma forma adequada de teísmo que implicasse a infinita transcendência divina, parecia a Flew que a falsificação, dados os pressupostos de seu argumento, posteriormente demolidos, entre outros, por Plantinga e Heimbeck, pudesse ser evitada somente com o recurso necessário à contínua especificação e consequente erosão das *analogias* empregadas).[11] No livro de 1966, *God and Philosophy,* as mesmas intenções críticas de Flew em relação à teologia natural pressupõem sua absoluta centrali-

---

[10] A. Flew e A. MacIntyre (eds.), *New Essays in Philosophical Theology,* S. C. M. Press, London, 1955, p. X.
[11] Id., *Theology and Falsification,* ibid., p. 96-99, 106-108; Id., *Creation,* ibid., p. 180-181. Cf. A. Plantinga, *God and Other Minds,* Cornell U.P., Ithaca-London, 1967, p. 157-162; H. S. Heimbeck, *Theology and Meaning,* Allen & Unwin, London, 1969, p. 163ss., 249ss. Cf. P. Byrne, *Contemporary Philosophy of Religion in Britain,* cit., p. 28: "For all that our toes may curl at some of the writings on religious language of the 1940s, 50s, 60s, and 70s, they did take seriously this thought: that divine transcendence raises doubts about the in principle intelligibility of the divine. This thought was not merely fashionable in a certain period of twentieth century philosophy of religion. It is as old as philosophical reflection about the arche and well represented in the history of Christian thought. In part, the verification debates can be seen as a local, historically conditioned manifestation of this continued preoccupation".

dade e insubstitutibilidade em qualquer abordagem filosófica do problema de Deus (nesse sentido deve ser interpretada também sua crítica às objeções barthianas à teologia natural).[12] Sustentei em outro lugar que a tendência histórica para o aprofundamento da discussão sobre a análise dos predicados divinos e sobre os argumentos teístas está em conexão com fatores *internos* da tradição analítica, em particular com a preeminência concedida à análise, também no sentido do esclarecimento conceitual e do controle da coerência interna e das compatibilidades lógicas, também com o estilo argumentativo como estrutura de sustentação do discurso filosófico. Os métodos da teologia natural são a análise e a argumentação, isto é, os métodos da filosofia em geral. "Como qualquer outro ramo da filosofia, a teologia natural submete seus resultados à avaliação racional."[13] "Os filósofos analíticos – observa John Haldane – habitualmente são muito preparados na construção e dissecação de argumentos ou, na terminologia mais antiga, na 'dialética'."[14] A análise conceitual e a argumentação dialética, separadas de toda relação *necessária* com pressuposições de tipo empirista e com esquemas conceituais naturalistas, aplicadas à crença religiosa, tomam naturalmente a via da teologia filosófica.[15]

Com qual metafísica tem conexão o renascimento da teologia natural? Seria vão procurar na produção dos filósofos analíticos da religião uma defesa *sistemática* da *possibilidade* ou da

---

[12] A. Flew, *God and Philosophy,* Hutchinson, London, 1966, p. 9ss., 17, e cap. 4: "Natural Theology".
[13] N. Kretzmann, "The Metaphysics of Theism. Aquinas's Natural Theology", in *Summa contra gentiles 1,* Clarendon Press, Oxford, 1997, p. 3.
[14] J. Haldane, *The Spirit of Thomism and the Task of Renewal,* cit., p. 70.
[15] M. Micheletti, *Filosofia analitica della religione,* cit., p. 167.

legitimidade da metafísica como tal, mesmo em um âmbito, o aristotélico-tomista, bem definido, no qual podem ser incluídas as contribuições de filósofos como Peter Geach, David Braine, Johm Haldane e Barry Miller. Em certo sentido, é verdade o que, no ensaio com o qual contribuiu para o livro *Prospects for Metaphisics*, de 1961, C. B. Daly afirmou:

> Permanece o problema de demonstrar que a metafísica é positivamente possível. No fim, não há um modo conclusivo para demonstrar que a metafísica é possível se não a produzindo. Devo, por isso, mesmo que de modo esquemático e imperfeito, produzir modelos de metafísica.[16]

(E é interessante notar que, com base no modelo proposto aí, os argumentos teístas tomam a forma de uma *reductio ad absurdum*.)[17]

Mais recentemente foi observado um modo típico, que pode ser discutido utilmente: o da possibilidade da metafísica em relação aos limites da inteligência humana só no contexto de um exame amplo e detalhado de algumas "tentativas efetivas e sérias de metafísica".[18] Historicamente, o recurso à metafísica na filosofia analítica da religião se explica, além de pela queda do positivismo, também pelo reconhecimento da insuficiência dos argumentos críticos apresentados contra a teologia natural, a partir de Hume e

---

[16] C. B. Daly, *Metaphysics and the Limits of Language,* in I. T. Ramsey (ed.), *Prospects for Metaphysics,* Allen & Unwin, London, 1961, p. 194.

[17] Ibid., p. 204: "All proofs for the existence of God are, in one form or another, a *reductio ad absurdum et contradictorium* of the non-existence of God. They try to show that the non-admission of God is the inadequacy of description which amounts to a contradiction: treating part of experience as if it were the whole".

[18] P. Van Inwagen e D. W. Zimmerman (eds.), *Metaphysics: The Big Questions,* Blackwell, Oxford, 1998, p. 7.

Kant, e pela consciência das inevitáveis implicações metafísicas dos argumentos pró e contra a realidade divina. A dimensão metafísica é relevante na escolha dos instrumentos conceituais (em sua formulação do argumento ontológico, Plantinga recorre a conceitos conexos com a metafísica da modalidade; Wierenga, em sua exposição dos atributos divinos, menciona entre as considerações metafísicas as noções modais de necessidade e possibilidade em termos de mundos possíveis e o fato de que há propriedades, estados de coisas e proposições que são objeto de crença e portadoras de valores de verdade)[19], mas sobretudo em relação com o resultado do discurso argumentativo: a *metafísica do teísmo* oposta ao naturalismo (a uma das versões contemporâneas daquilo que Plantinga chama de "naturalismo perene").[20]

---

[19] A. Plantinga, *The Nature of Necessity,* Clarendon Press, Oxford, 1974 (reimpresso, 1982), cap. V; Id., *God, Freedom, and Evil,* Eerdmans, Grand Rapids, 1974, p. 85-112. E. R. Wierenga, *The Nature of God. An Inquiry into Divine Attributes,* Cornell U.P., Ithaca-London, 1989, p. 8-9. Sobre as profundas implicações metafísicas da argumentação filosófica sobre Deus, cf. T. V. Morris (ed.), *The Concept of God,* Oxford U.P., Oxford, 1987, *Introduction,* p. 2. Também um filósofo muito crítico da teologia natural analítica, K. Nielsen, "Can Anything Be Beyond Human Understanding?", in T. Tessin e M. Von der Ruhr (eds.), *Philosophy and the Grammar of Religious Belief,* Macmillan, London-New York, 1995, p. 162-185, reconhece que a contemporânea filosofia analítica da religião "discusses the traditional metaphysical questions of natural theology making use of analytical philosophy and modal logic" e que é "deep in the metaphysical mind" (p. 162).
[20] Cf. a observação de P. Copan e P. K. Moser (eds.), *The Rationality of Theism,* Routledge, London-New York, 2003, *Introduction,* p. 2-3: "A theistic worldview, according to most of the chapters in this book, better resolves major philosophical questions than do its alternatives, including its most influential intellectual rival, *naturalism*". Sobre o "naturalismo perene", cf. A. Plantinga, "Christian Philosophy at the End of the Twentieth Century", in J. F. Sennett (ed.), *The Analytic Theist. An Alvin Plantinga Reader,* Eerdmans, Grand Rapids, 1998, p. 330. Cf. a caracterização da teologia natural também como "metafísica teísta", em N. Kretzmann, *The Metaphysics of Theism,* cit., p. 6: "Alston's implied characterization of natural

2. As objeções à teologia natural

As críticas à teologia natural em seu conjunto, como parte da metafísica, enquanto distintas das diversas objeções a argumentos teístas considerados formalmente inválidos ou formalmente válidos, mas a partir de premissas não verdadeiras, julgam-na em geral como *impossível* em si mesma por causa dos limites do conhecimento ou da linguagem, ou também porque *irrelevante,* ou até *ofensiva* (enquanto seus processos objetivantes e abstratos, segundo a objeção, não podem compreender o que é fundamental na dimensão divina e em nossa relação com ela, quando não assumem até uma forma intrinsecamente blasfema). Naturalmente, as razões que sustentam as diversas objeções não devem ser confundidas umas com as outras (o fato de os argumentos teístas, como tais ou em algumas de suas formulações, serem considerados teologicamente irrelevantes não exclui que possam ser bons argumentos; a própria acusação de irrelevância ou também de indignidade assume formas diferentes se justificada com base em critérios de adequação tirados da reflexão filosófica ou das exigências da fé; o tradicional contraste entre o Deus dos filósofos e o Deus da fé se torna relevante *para o crente* somente em caso de incompatibilidade, não no de uma

---

theology as 'theistic metaphysics' is very like what Aquinas seems have in mind, as the title of my book is meant to suggest, and as I think the following chapters will show". Cf. W. P. Alston, *Perceiving God,* Cornell U.P., Ithaca-London, 1991, p. 289. Cf. também N. Kretzmann, *The Metaphysics of Creation,* Clarendon Press, Oxford, 1999, p. 16: "Since (if we set aside ontological arguments, as Aquinas does) *any* philosophical account of God's existence and nature must be based on inferences from the natures and modal statuses of things other than God, something more or less like Aquinas's relational method will have to be used by anyone attempting to develop a natural theology".

óbvia insuficiência da perspectiva filosófica; enfim, a objeção poderia perder grande parte de sua relevância, se a formulação da teologia natural fosse associada a uma posição *epistemológica* que negasse a *necessidade* da evidência e dos argumentos para a *racionalidade* da crença religiosa, uma necessidade, na maioria das vezes, pressuposta, paradoxalmente, pelas objeções de tipo fideísta.

É difícil encontrar nos filósofos analíticos da religião uma resposta sistemática às objeções de matriz humiana e kantiana que exercem ainda um papel significativo em algumas contribuições críticas contemporâneas, em particular na importante obra de "ateologia natural" de J. L. Mackie, *The Miracle of Theism*.[21] Todavia, ainda uma vez em *The Reality of Time and the Existence of God* de Braine, pode-se encontrar os elementos para tal resposta, a partir da consciência de que nenhuma discussão sobre a existência de Deus pode ignorar aquele gênero de objeções, em particular a restrição do campo de aplicação de qualquer princípio causal a partir de considerações metaepistemológicas sobre os limites sistemáticos do conhecimento humano, ou as referências à extrapolação ilegítima ou ao uso não disciplinado de critérios definidos de aplicação dos conceitos de causa e substância. A

---

[21] J. L. Mackie, *The Miracle of theism,* Clarendon Press, Oxford, 1982. Para uma reproposição atualizada dos argumentos críticos a respeito do teísmo, cf. agora N. Everitt, *The Non-existence of God,* Routledge, London, 2003; J. H. Sobel, *Logic and Theism,* Cambridge U.P., Cambridge, 2004. Cf. o destaque histórico de A. Kenny, *The Five Ways,* Routledge & Kegan Paul, London, 1969, p. 3-4: "The criticism of Kant are certainly still the most effective obstacle any rational theism has to meet; but they were directed at arguments rather different from the Five Ways and affect them, as we will be seen, only obliquely... A refutation of Kant's criticisms would be a prolegomenon to such an argument; but consideration of Kant is not essential to a critical analysis of the medieval discussion".

resposta a tais dúvidas, a confutação das teses kantianas e a defesa do realismo epistemológico equivalem, para Braine, a um retorno à concepção aristotélica de substância e causa.[22] Não posso examinar aqui detalhadamente as respostas dos filósofos analíticos da religião às objeções de Hume e Kant. Limito-me a assinalar, *somente com alguns exemplos,* que a força de tais objeções, longe de ser ignorada por eles, é antes objeto de uma atenção crítica constante. Swinburne, na construção de seus argumentos em *The Existence of God,* oferece razões para se considerarem inaceitáveis os princípios pelos quais Hume e Kant negam que se possa atingir racionalmente conclusões justificadas além dos limites assinalados por eles.[23] Desde seu importante artigo *The Argument from Design,* Swinburne criticou como não válidas as objeções formais de Hume nos *Dialogues Concerning Natural Religion,* criticando em particular tanto o princípio de inferência defendido por Hume (está em oposição aos critérios comumente aplicados em questões empíricas, e caso fosse aplicado universalmente, levaria ao abandono da ciência), como a objeção fundada na unicidade do efeito e da causa, sobretudo porque a unicidade é relativa a uma descrição (o universo é único em uma descrição, e não em outras – também Brian Davies notou que o universo pode ser comparado a uma de suas partes na descrição particular do ser ordenado).[24] Em *Atheism and Theism,* Haldane

---

[22] D. Braine, *The Reality of Time and the Existence of God,* cit., p. 22, 225ss., 236ss.

[23] R. Swinburne, *The Existence of God,* Clarendon Press, Oxford, 1979, p. 2.

[24] Id., "The Argument from Design" [1968], in R. D. Geivett e B. Sweetman (eds.), *Contemporary Perspectives on Religious Epistemology,* Oxford U.P., New York, Oxford, 1992, p. 201-211. Cf. B. Davies, *An Introduction to the Philosophy of Religion,* Oxford U.P., Oxford, 1982, p. 54, 59. Veja também A. Plantinga, *God and Other Minds,* cit., p. 101.

tratou criticamente das várias objeções humianas e kantianas, e refutou em particular o argumento de Hume em sustentação da contingência bruta fundado na conceptibilidade de um objeto, que vem à existência sem uma causa (um argumento já refutado pela Anscombe), e a tese kantiana a respeito da impossibilidade de se tirarem conclusões racionais do mundo empírico.[25] Barry Miller apresenta seu projeto metafísico, em *From Existence to God. A Contemporary Philosophical Argument,* como uma resposta à convicção infundada de que "os argumentos pela existência de Deus há muito tempo foram refutados pelas críticas de Hume e Kant e de seus recentes discípulos, e se preocupa em mostrar analiticamente que as críticas de matriz humiana e kantiana, consideradas impropriamente fatais não para esta ou aquela forma de argumento, mas para *qualquer* argumento, sem exceção, são em particular ineficazes contra o argumento pela contingência proposto por ele, fundado na distinção entre essência e existência e na aplicação do princípio de não contradição, e não no princípio de razão suficiente (em particular, entre outros, Miller sustenta que Hume demonstrou somente de *alguns tipos,* não de todos os *tipos* de série causal, que tais séries não têm necessidade de serem terminadas; sustenta ainda que a crítica de Kant ao argumento cosmológico se torna ineficaz contra aquelas formas de argumento que usam uma noção de ser necessário diferentemente da de um ser *logicamente* necessário – ponto esse sublinhado, entre outros, também por Swinburne

---

[25] J. Haldane, "Atheism and Theism", in J. J. C. Smart e J. J. Haldane, *Atheism & Theism,* Blackwell, Oxford, 1996, p. 140, 148ss. Cf. G. E. M. Anscombe, "'Whatever Has a Beginning of Existence Must Have a Cause'. Hume's Argument Exposed [1974]", in B. Davies (ed.), *Philosophy of Religion. A Guide and Anthology,* Oxford U.P., Oxford, 2000, p. 233-238.

– e que as limitações kantianas à aplicação do conceito de causa dão lugar a dificuldades específicas).²⁶ O argumento de Hume sobre a inconceptibilidade de um existente necessário é julgado insuficiente e infundado por Gerard J. Hughes, o qual nega que se possa provar que não há necessidade *de re* nas coisas, aduzindo a razão que é *de dicto* possível que não haja nenhuma.²⁷ A respeito da objeção kantiana sobre o uso transcendente do argumento causal, Hughes exprime uma opinião difundida quando nota que não há razão para se aceitar como um *princípio geral* a tese da ilegitimadade de qualquer inferência para entidades inobserváveis que transcendam os limites da experiência possível: a diferença entre o uso imanente e transcendente, significativa indubitavelmente, não é uma diferença de princípio, mas está em relação com a nossa capacidade de obter a evidência rele-

---

[26] B. Miller, *From Existence to God. A Contemporary Philosophical Argument*, Routledge, London, New York, 1992, p. IX-X, 8ss., 98-99, 154, 161ss. Cf. R. Swinburne, *The Existence of God*, cit., p. 128.

[27] G. J. Hughes, *The Nature of God*, Routledge, London, New York, 1995, p. 18; Id., "Towards a Rehabilitation of Aquinas's 'Third Way'", in G. Brüntrup e R. K. Tacelli (eds.), *The Rationality of Theism*, Kluwer, Dordrecht, 1999, p. 113. Cf. S. T. Davis, *God, Reason and Theistic Proofs*, cit., p. 43. Quanto à tese kantiana que nega que a existência seja um predicado real, especialmente na reformulação rigorosa apresentada recentemente por C. J. F. Williams na linha Frege-Russell ("existe" e "é" em seu sentido existencial devem ser predicados de segundo nível, que versam não sobre objetos, mas sobre conceitos). Ela foi submetida a discussões e críticas, também independentemente de sua aplicação ao argumento ontológico (resultando, aliás, irrelevante para suas versões modais). Plantinga põe em dúvida que Kant tenha especificado um sentido de "é um predicado" tal que nesse sentido seja claro que a existência não seja um predicado, e que o argumento de Anselmo exija que o seja . Para S. T. Davis a tese kantiana "é extremamente difícil de ser provada rigorosamente". Recentemente Barry Miller trouxe, também para a polêmica com C. J. F. Williams, uma série de razões em apoio da tese de ser a existência uma propriedade *real*, tanto em *From Existence to God* como prin-

vante.[28] S. T. Davis, em particular, nega que o uso transcendente do princípio causal implique a falácia de composição. É verdade que a contingência do mundo não se segue simplesmente do fato de que todas as coisas *no* mundo são contingentes (mesmo que às vezes inferências desse gênero sejam válidas), mas o filósofo que propõe o argumento cosmológico raciocinando *ex contingentia mundi* não sustenta a tese absurda de que alguma coisa de inexplicado permanece mesmo depois que todas as coisas foram explicadas: o ponto é que se todas as coisas são contingentes, não é verdade que se pode explicar tudo. Tomás de Aquino em particular não argumenta da parte ao todo, mas sustentaria que um ser necessário independente deve existir mesmo onde exista

---

cipalmente em *The Fullness of Being,* no qual "não convencido da tese fregeana promovida por filósofos como Russell, Quine e Williams", sustenta que "a defesa da convicção de que 'existe' seja predicável de objetos concretos não é produto de um engano linguístico, mas de uma atenção específica à linguagem muito mais acurada do que a prestada pelos fregeanos", tese essa defendida também por G. J. Hughes com base na concepção tomista da atualidade de uma forma, substancial ou acidental. Em *Form and Existence* (1954), Peter Geach, discutindo o significado de *esse* e *actus essendi* em Tomás, já tinha observado que, embora o paradoxo da não-existência seja resolvido dizendo-se que "existe" ou "é" não são autênticos predicados de indivíduos, isso não prova de per si que, ao menos em alguns casos, eles não possam ser autênticos predicados lógicos. Cf. C. J. F. Williams, "Being", in P. L. Quinn e C. Taliaferro (eds.), *A Companion to Philosophy of Religion*, Blackwell, Oxford, 1997, p. 223-228; C. J. F. Williams, *What is Existence?*, Clarendon Press, Oxford, 1981; Id., *Being. Identity and Truth,* Clarendon Press, Oxford, 1992; A. Plantinga, *God and Other Minds,* cit., p. 27; S. T. Davis, *God, Reason and Theistic Proofs,* cit., p. 32; B. Miller, *From Existence to God,* cit., p. 64ss.; Id., *The Fullness of Being, A New Paradigm for Existence,* University of Notre Dame Press, Notre Dame, 2002, p. 2; G. J. Hughes, *The Nature of God,* cit., p. 9ss., 11, 13; P. Geach, *God and the Soul,* Routledge & Kegan Paul, London, 1969, p. 54. Cf. também B. Davies, "Ontological Arguments. Introduction", in B. Davies (ed.), *Philosophy of Religion. A Guide and Anthology,* cit., p. 309.

[28] G. J. Hughes, *Towards a Rehabilitation of Aquina's "Third Way",* cit., p. 114-116.

Apêndice – O Renascimento da Teologia Natural na Filosofia Analítica

um só ser contingente.[29] Enfim, quanto às antinomias kantianas a respeito do mundo, Peter Geach, por exemplo, sustenta que é natural pôr, a respeito do mundo, o tipo de questões causais que seria legítimo pôr a respeito de suas partes. Não nos embatemos em problemas que não podem ser tratados se usarmos "o mundo" como sujeito de predicados. Para Tomás de Aquino o mundo partilha com suas partes alguns atributos que dão origem às questões causais: é um todo complexo e composto e está em condição de mudança. Deus, ao contrário, não é um todo composto de partes, e é imutável, de modo que não teria sentido aplicar a *Deus* aquelas questões causais. Para Braile, analogamente nenhum dos argumentos que Kant usa para provar que se seguem contradições de tratar o universo como objeto mostra-se efetivamente válido.[30] William Lane Craig emite então uma convicção difundida quando afirma decididamente:

> Tornou-se uma forma de sabedoria convencional reconhecer que à luz das críticas de Hume e Kant não existem bons argumentos para a existência de Deus. Todavia, na medida em que entendemos por "argumento bom" um argumento que seja formal e informalmente válido e conste de premissas verdadeiras que sejam mais plausíveis do que suas negações, entendemos que existem bons argumentos pela existência de Deus e que em âmbito contemporâneo existem muitos filósofos que pensam assim. Com efeito, seria justo dizer que o emergir da filosofia analítica da religião foi acompanhado de um renascimento do interesse pela teologia natural.[31]

---

[29] S. T. Davis, *God, Reason and Theistic Proofs*, cit., p. 74-77.
[30] P. T. Geach, "Aquinas", em G. E. M. Anscombe e P. T. Geach (eds.), *Three Philosophers*, Blackwell, Oxford, 1963, p. 112-113; D. Braine, "Cosmological Arguments", in B. Davies (ed.), *Philosophy of Religion. A Guide to the Subject*, Cassell, London, 1998, p. 46.
[31] W. L. Craig, "The Cosmological Argument", in P. Copan e P. K. Moser (eds.), *The Rationality of Theism*, cit., p. 112.

Como eu disse, os filósofos analíticos da religião em geral preferiram examinar contextos argumentativos específicos, e não se interrogar de modo sistemático sobre a possibilidade e a própria legitimidade da teologia natural. Em um ensaio de 1980, *Is Natural Theology Possible?*, Anthony Kenny fez a si mesmo essa pergunta. Ele considera a teologia natural não só possível, mas também necessária. Quando se consegue uma conclusão sobre a existência de Deus com base em fatos da experiência e de princípios filosóficos, trabalha-se na teologia natural, *sejam seus resultados positivos ou negativos*. A necessidade da teologia natural decorre da consideração da insuficiência do recurso à sensibilidade para a solução da questão intelectual da realidade divina. Como cético, "que desejaria a solução de suas dúvidas em um sentido ou em outro, e crítico daquilo que ele define como "agnosticismo *necessário*" e convencido da incorreção dos argumentos humianos e kantianos contra a *possibilidade* de provas da existência de Deus, Kenny reconhece que não tem outra escolha senão confiar na teologia natural.[32]

O tema da irrelevância *religiosa* das provas foi sustentado com decisão por Steven M. Cahn no artigo *The irrelevance to*

---

[32] A. Kenny, *What is Faith? Essays in the Philosophy of Religion*, Oxford U.P., Oxford, 1992, p. 64, 74. Cf. ibid., p. 60: "Necessary agnosticism is the belief which many philosophers such as Kant have had that knowledge whether there is a God or not is in some sense impossible because of the limits of the human mind. There are several philosophical arguments to the effect that agnosticism about the existence of God is something which is built into the human condition rightly understood. I find the arguments for that kind of agnosticism as unconvincing as either the arguments for theism of for atheism". Cf., também em uma crítica da congruência da consideração tradicional da natureza divina, a observação sobre Hume e Kant em A. Kenny, *The God of the Philosophers*, Clarendon Press, Oxford, 1979, p. 121-129. Cf. enfim a crítica às "cinco vias" de Tomás, crítica que pressupõe sua legitimidade e sua relevância, em A. Kenny, *The Five Ways*, Routledge & Kegan Paul, London, 1969.

Religion of Philosophic Proofs for the Existence of God, de 1969. É importante notar que uma tese desse gênero ("a religião pode ser racionalmente atacada ou defendida, mas refutar as provas filosóficas da existência de Deus não significa atacar a religião, e oferecer o sustentáculo de provas filosóficas da existência de Deus não significa defender a religião"[33]) não se opõe só às convicções dos filósofos da religião de inspiração de algum modo evidencialista, mas àquelas dos próprios epistemólogos reformados (como Plantinga, Wolterstorff e Alston), porque para eles a aceitação da crença em Deus como basilar ou produzida dentro de práticas epistêmicas racionalmente confiáveis não implica a imunidade à critica e à ignorância dos argumentos antiteístas: a apologética negativa tem exatamente a função de contestar a validade de argumentos potencialmente destrutivos para a crença em Deus (o argumento ateológico *dedutivo* tirado da existência do mal, refutado por Plantinga, segundo muitos estudiosos, de modo definitivo, através de várias elaborações da *free will defence*,[34] poderia ter no crente uma fraca incidência *religiosa* de algum peso). Nem o tema do contraste entre o Deus dos filósofos e o Deus da fé é totalmente ignorado pelos filósofos da religião que enfrentaram a problemática de teologia natural. Em *The God of the Philosophers,*

---

[33] S. M. Cahn, "The Irrelevance to Religion of Philosophic Proofs for the Existence of God", in R. D. Geivett e B. Sweetman (eds.), *Contemporary Perspectives on Religious Epistemology,* cit., p. 245. Para uma avaliação das provas (se são ou não "apropriadas") e da incidência da "relatividade" conceitual e epistemológica na interpretação das provas, cf. R. Messner, *Does God's Existence Need Proof?,* Clarendon Press, Oxford, 1993, em particular cap. 6: "The Appropriateness of the Proofs".
[34] Para a primeira formulação, cf. A. Plantinga, *The Free Will Defence,* em M. Black (ed.), *Philosophy in America,* Allen & Unwin, London, 1965, p. 204-220. Cr. A. Plantinga, *God, Freedom and Evil,* Eerdmans, Grand Rapids, 1974, p. 29-59.

por exemplo, Anthony Kenny sustenta que uma abordagem de tipo kierkegaardiano, centrada na *irrelevância* das questões filosóficas concernentes à natureza e à existência de Deus, mostra somente a *insuficiência* da justificação filosófica, mas não impugna sua *necessidade*. John Haldane sustenta que, embora da concepção metafísica de Deus não se possa obviamente inferir de algum modo verdades como as relativas aos atos da encarnação e da redenção, seria um erro desfazer completamente as conexões entre "a razão, a revelação e a reflexão espiritual, porque cada uma delas tem um papel a desempenhar no caminho para o conhecimento e a compreensão da verdade sobre Deus".[35] David Braine vai além, quando afirma que a abordagem metafísica é não só compatível com a teologia revelada, mas também requerida por ela: não só a graça, mas também a própria natureza, a própria humanidade do homem são violadas pela idolatria e pelo culto da natureza, como na pretensão de que a realidade natural possa subsistir sem um fundamento divino imediato e autossubsistente.[36] Como é razoável esperar, a posição de Heidegger sobre a ontoteologia não é objeto de atenção particular entre os filósofos analíticos, embora Fergus Kerr a tome em consideração em *After Aquinas,* pondo em discussão a pertinência da crítica heideggeriana à luz da concepção tomasiana do *ipsum esse subsistens*.[37]

---

[35] A. Kenny, *The God of the Philosophers,* cit., p. 127; J. Haldane, *Atheism and Theism,* cit., p. 203.

[36] D. Braine, *The Reality of Time and the Existence of God,* cit., p. 350.

[37] F. Kerr, *After Aquinas. Versions of Thomism,* Blackwell, Malden-Oxford, 2002, p. 80-96. Cf. a crítica a essa concepção em C. Hughes, *On a Complex Theory of a Simple God. An Investigation in Aquinas' Philosophical Theology,* Cornell U.P., Ithaca-London, 1989, p. 59; e a defesa argumentada de B. Miller, *The Fullness of Being,* cit., p. 137ss.

Eu gostaria, enfim, de me deter nas objeções à teologia natural que provêm da filosofia analítica da religião, em particular nas objeções que foram feitas pelos filósofos da religião wittgensteinianos e pelos epistemólogos reformados. A influência de Wittgenstein se estendeu em diversas direções;[38] em Elizabeth Anscombe e Peter Geach, ela se une à admiração por Aristóteles e Tomás de Aquino; em Rush Rhees e, portanto, em Peter Winch, Norman Malcolm e D. Z. Phillips se resolve na maioria das vezes em uma pesquisa sobre a "gramática" do discurso religioso, que tende a pôr em evidência sua especificidade e, portanto, a irredutibilidade tendencial a explicações ou justificações de tipo naturalista ou metafísico. Em minha opinião, a aversão dos filósofos wittgensteinianos da escola Rhees-Phillips à teologia natural é às vezes superestimada pelos críticos não só porque, em analogia com uma observação de Wittgenstein (as demonstrações da existência de Deus são modalidades através das quais o crente analisa a própria fé),[39] não faltam em Phillips referências a uma possível interpretação religiosa, não apologética, das provas, mas também porque a teologia natural que é criticada é a que assume fortes conotações fundacionalistas. Para Rhees, há um sentido no qual se pode falar de "conhecimento natural de Deus" ou de "argumentos formais voltados para darem clareza sobre as ideias religiosas. Para Rhees, o erro consiste em entender a teologia natural como fundamento necessário do discurso religioso, não em distinguir suficientemente as provas teístas de argumentos

---

[38] L. Hertzberg, "On the Difference that Faith Makes", em T. Lehtonen e T. Koistinen (eds.), *Perspectives in Contemporary Philosophy of Religion*, cit., p. 133.

[39] L. Wittgenstein, *Culture and Value* [edição da *Vermischte Bemerkungen*, com tradução inglesa e texto alemão ao lado], ed. G. H. von Wright, Chicago U.P., Chicago, 1984, p. 186.

apropriados em outros âmbitos e em desconhecer a unicidade do conceito de Deus e a peculiaridade de sua *existência,* falando da realidade de Deus como se se tratasse da realidade de um objeto entre objetos. Rhees exclui, sobretudo, que a teologia natural possa produzir a fé em Deus em total ausência de atitudes religiosas, como a confiança em Deus.[40] Norman Malcolm, que também chegou a negar a possibilidade de justificação da realidade de Deus externa ao sistema linguístico da crença religiosa, foi, todavia, dos primeiros a formular uma versão modal original do *unum argumentum* de Anselmo, observando que há um nível no qual se pode considerar o argumento como um exemplo de raciocínio lógico e se pode seguir racionalmente seus desenvolvimentos sem que a pessoa se sinta religiosamente tocada: também nesse nível o argumento pode ter valor religioso, porque pode contribuir para a remoção de alguns escrúpulos filosóficos que são obstáculos à fé, se bem que em nível mais profundo o argumento possa ser compreendido plenamente só por quem ao menos tenha inclinação para participar da forma de vida religiosa. O perigo que Malcolm, como Phillips, põe em evidência nos escritos mais maduros é que a crença religiosa seja interpretada ou, melhor, *mal entendida,* como uma conjectura, como uma hipótese que se produza ou recaia sobre a base da evidência.[41] Em Phillips se torna claro que

---

[40] R. Rhees, *Without Answers,* Routledge & Kegan Paul, London, 1969, p. 111-119; Id., *On Religion and Philosophy,* ed. D. Z. Phillips, Cambridge U.P., Cambridge, 1997, p. 9, 16, 22-23.

[41] N. Malcolm, "Anselm's Ontological Arguments", in *The Philosophical Review,* LXIX (1960), p. 41-62; Id., "Is it a Religious Belief that 'God exists?", in J. Hick (ed.), *Faith and the Philosophers,* Macmillan, London-New York, 1964, p. 103-110; Id., "The Groundlessness of Belief", in S. C. Brown (ed.), *Reason and Religion,* Cornell U. P., Ithaca-London, 1977, p. 143-157.

as reservas em relação à teologia natural nascem antes de tudo de uma interpretação da filosofia como estruturalmente conexa com a análise, a descrição, a compreensão e a contemplação de modos de pensar e de agir, de "possibilidade de sentido", e não conexa com a justificação, a explicação e a fundação. Para Phillips, o filósofo não deve preocupar-se com chegar a conclusões, positivas ou negativas, sobre a existência de Deus, mas deve antes de tudo interrogar-se sobre a categoria conceitual à qual pertence a realidade de Deus, perguntar-se qual é o *sentido* que se pode atribuir à afirmação ou à negação da existência de Deus, ou qual é o tipo de explicação requerido pelo conceito de realidade divina (um Deus que fosse um existente entre existentes não seria o Deus da crença religiosa). O objeto específico da crítica de Phillips é a pretensão fundacionalista da filosofia interpretada na maioria das vezes em relação com os processos que justificam ou tornam provável uma conjectura ou uma hipótese científica, com o racionalismo e o cientismo.[42] Não posso examinar aqui de modo analítico essas

---

[42] Cf. sobretudo D. Z. Phillips, *The Concept of Prayer,* Routledge & Kegan Paul, London, 1965, p. 18, 24ss., 96, 102ss.; Id., *Faith and Philosophical Enquiry,* Routledge & Kegan Paul, London, 1970, p. 30ss.; Id., *Religion without Explanation,* Blackwell, Oxford, 1976; Id., *Faith after Foundationalism,* Routledge, London-New York, 1988; Id., *Wittgenstein and Religion,* Macmillan, Basingstocke-London, 1993; Id., *Philosophy's Cool Place,* Cornell U.P., Ithaca-London, 1999; Id., *Recovering Religious Concepts,* Macmillan, Basingstoke-London, 2000; Id., *Religion and the Hermeneutics of Contemplation,* Cambridge U. P., Cambridge, 2001; Id.-M. von der Ruhr (eds.), *Language and Spirit,* Palgrave Macmillan, Houndmills, Basingstoke, 2004; Id., *Religion and Friendly Fire. Examining Assumptions in Contemporary Philosophy of Religion* (Lectures 1999-2000), Ashgate, Aldershot, 2004; Id. e M. von der Ruhr, (eds.), *Religion and Wittgenstein's Legacy,* Ashgate, Aldershot, 2005. Cf. Agora Id., "Wittgensteinianism: Logic, Reality and God", in W. J. Wainwright (ed.), *The Oxford Handbook of Philosophy of Religion,* Oxford U.P., Oxford, 2005, p. 447-471. Para um estudo mais amplo de Phillips e da filosofia da religião wittgensteiniana, remeto a M. Micheletti, *Filosofia analitica della religione,* cit., p. 55-91.

teses de inspiração wittgensteiniana. Esquematicamente, direi que elas podem ter um papel positivo para a teologia natural, na medida em que põem constantemente em guarda contra os perigos nos quais ela pode cair quando perde de vista a existência de critérios de adequação ao conceito de realidade divina (todavia, a relutância de Phillips em atribuir um sentido religioso à afirmação da existência de Deus deve ser posta em relação com o uso de "existência" como estruturalmente ligada à finitude e à contingência; ele se aproxima notavelmente da posição tomista – muitas vezes recordada pelos filósofos analíticos, para os quais Deus não está em um gênero, e não se pode atribuir gênero ou diferença específica a Deus –, quando observa que a realidade de Deus não é a realidade de um gênero, Deus não é um ente entre os entes[43] – corresponde no fundo à mesma observação gramatical o constante recurso dos teólogos naturais analíticos à noção de simplicidade de Deus e à determinação do *ipsum esse subsisterns* para sublinhar a radical alteridade divina). A posição de Phillips torna-se problemática, quando ele presume que a teologia natural seja necessariamente reducionista, implique necessariamente seja a equivalência entre a racionalidade da crença religiosa e a possibilidade de um sustentáculo seu evidencial ou argumentativo, seja a atribuição necessária à crença religiosa do *status* de hipótese ou de conjectura, em oposição à certeza absoluta conexa com o tipo de envolvimento que ela comporta. Poder-se-ia objetar que a teologia natural não reduz necessariamente a crença à hipótese e que não a submete ao mesmo tipo de confirmação de uma hipótese explicativa, e que o eventual tratamento da crença como hipótese não implica que ela *deva*

---

[43] D. Z. Phillips, *Faith and Philosophical Enquiry*, cit., p. 85.

ser sustentada provisoriamente ou que o *comitment* religioso não tenha razão de ser.

No âmbito da epistemologia reformada, Plantinga dedicou diversos escritos ao tema da teologia natural. Interpretei em outro lugar o pensamento de Plantinga a esse respeito como uma crítica não tanto da teologia natural quanto dos pressupostos do evidencialismo e do fundacionalismo clássico. No mesmo ensaio, publicado em 1983, *The Reformed Objection to Natural Theology*, no qual é mais marcante sua perspectiva crítica, a resposta que Plantinga dá ao dilema diante do qual Barth põe o teólogo natural é indicativa da via original seguida por ele. As alternativas do dilema barthiano são a má fé e a desonestidade, de um lado, e o ponto de vista do não crente, do outro.

> O teólogo aceita o ponto de vista do não crente ou não. No segundo caso, entende mal e engana seu interlocutor não crente, e assim cai na má-fé. No primeiro caso confia de modo decisivo nos pronunciamentos da razão, posição essa que para o cristão é totalmente inaceitável, é manifestação de orgulho humano pecaminoso.[44]

A resposta de Plantinga a Barth permite identificar qual é para ele o âmbito de legitimidade da teologia natural. Segundo Plantinga, o teólogo natural pode evitar as alternativas do dilema barthiano; embora formule ou aceite argumentos teístas, não deve fundar sua fé necessariamente em tais argumentos; seu escopo poderia consistir em mostrar ao não crente que a crença em Deus se segue de outras premissas, que ele já aceita, de modo

---

[44] A. Plantinga, "The Reformed Objection to Natural Theology", in H. Hart, J. Van der Hoeven, N. Wolterstorff (eds.), *Rationality in the Calvinian Tradition,* University Press of America, Lanham-London, 1983, p. 367.

que não pode persistir em sua falta de fé sem cair em contradição consigo mesmo. Para o crente permanece sempre aberta a possibilidade de seguir Calvino, reconhecendo que a fé em Deus não *deve* necessariamente se fundar em argumentos. Por isso, o dilema de Barth é errado, embora mereça grande respeito e atenção sua convicção de que a fé em Deus não deve necessariamente se basear em argumentos, porque é propriamente basilar, e quem abraça a fé em Deus desse modo não viola nenhum dever epistêmico, nem revela nenhum defeito em sua estrutura noética. O que Plantinga rejeita são, pois, os pressupostos do evidencialismo e o fundacionalismo clássico, rejeição que não torna a crença arbitrária ou sem fundamentos nem circunstâncias justificantes: o crente não a aceita dogmaticamente, ignorando qualquer evidência ou argumentação contrária. O pensador reformado não é obrigado a sustentar que a "argumentação seja irrelevante para a crença em Deus".[45] Em *The Prospect for Natural Theology* e em *Natural Theology*[46] essa linha de interpretação é confirmada numa direção ainda mais favorável à teologia natural. Os argumentos teístas, mesmo não sendo necessários para a racio-

---

[45] Ibid., p. 382. Cf. as observações de G. C. Di Gaetano, "Basic Belief e teologia naturale nel pensiero di Alvin Plantinga", in *Humanitas*, LIX (2004), p. 549-560. Sobre a epistemologia reformada, cf. agora N. Wolterstorff, "Religious Epistemology", in W. J. Wainwright (ed.), *The Oxford Handbook of Philosophy of Religion*, cit., p. 245-271.

[46] A. Plantinga, "The Prospects for Natural Theology", in J. E. Tomberlin (ed.), *Philosophical Perspectives,* 5, *Philosophy of Religion,* Ridgeview Publishing Company, Atascadero, California, 1991, p. 287-315; A. Pantinga, *Natural Theology,* in J. Kim E. Sosa (eds.), *A companion to Metaphysics*, Blackwell, Oxford, 1995, p. 346-349. Cf. a crítica de J. Greco, *Is natural Theology Necessary for Theistic Knowledge?*, in L. Zagzebski (ed.), *Rational Faith,* University of Notre Dame Press, Notre Dame, 1993, p. 168-198. Na introdução a essa obra, contudo, L. Zagzebski observa que "Plantinga himself has enthusiastically proposed arguments for theism" (p. 3).

nalidade da crença em Deus, podem ser formulados para se conseguirem diversos objetivos: para escopos apologéticos, para reforçarem a fé vacilante, para chegarem a certa posição sobre o problema de Deus na falta de um ponto de vista inicial, para responderem a questões filosóficas que não possam ser tratadas de outro modo, para transformarem em modo tomista a crença em *scientia*. Do ponto de vista epistemológico, Plantinga exclui de modo resoluto somente que a teologia natural seja necessária para que a crença em Deus goze de garantia epistêmica ou seja sua única fonte.[47] Isso não significa que ela não possa ter papéis positivos, também o de aumentar de modo significativo tal garantia, confirmando e reforçando a crença em Deus. Plantinga observa que, aplicando-se aos argumentos teístas não critérios excepcionalmente exigentes, mas os critérios racionais que aplicamos a qualquer outro tipo de argumento filosófico, teremos seguramente numerosos bons argumentos teístas, também os que podem ser tirados da epistemologia desenvolvida por ele ou da natureza da "*proper functioni*" e de sua confluência com a "fidedignidade" no plano epistêmico. O aprofundamento filosófico do problema de Deus pode contribuir para iluminar outros âmbitos conceituais, revelando conexões, por exemplo, entre Deus e os objetos abstratos, os contrafactuais, a referência, a intencionali-

---

[47] Cf. a observação de N. Kretzmann, *The Metaphysics for Theism,* cit., p. 21: "And whatever opposition to natural theology Plantinga does clearly manifest is specifically directed against using it as a source of epistemic justification for religious belief. Aquinas, however, doesn't expressly view his natural theology as having that role. As I said above, his is designed to show that reason without revelation's support could have arrived at many – not all – of the propositions that constitute revelation. In that way, and to that extent, he is showing the unity of reason and faith. I think, though, that he would cheerfully admit that of course his natural theology could in certain circumstances also supply epistemic justification for religious belief".

dade, a justificação em âmbito espistemológico e a moralidade. Em *Christian Philosophy at the End of the Twentieth Century*, Plantinga insiste que a rejeição do evidencialismo é compatível com o empenho do pensador cristão, na formulação de argumentos teístas, e com a possibilidade, com a legitimidade e com a utilidade deles. Além de satisfazer exigências cognitivas, esses argumentos podem eliminar dúvidas que impeçam a fé ou reforçar uma fé frágil e incerta.

> Existe, na verdade, toda uma lista de bons argumentos teístas que esperam pacientemente para serem desenvolvidos em penetrantes e profundos detalhes... Cada um deles terá valor seja como argumento teísta, seja como um modo de pensar na relação entre Deus e o tipo específico de fenômeno em questão.[48]

A mesma convicção é expressa sinteticamente também na fundamental obra de Plantinga, *Warranted Christian Belief*.[49] Ele mesmo se arriscou positivamente na teologia natural. Formulou

---

[48] A. Plantinga, *Christian Philosophy at the End of the Twentieth Century* [1995], cit., p. 339-340. Plantinga atribui notável relevo também à assim chamada apologética negativa, à crítica dos argumentos antiteístas. Cf. as observações de R. McInerny, *Characters in Search of Their Author*, University of Notre Dame Press, Notre Dame, 2001, p. 128: "The reasonableness of faith is also seen in the way the believer refutes objections to the faith. Such a refutation takes many forms... Sometimes the believer must content himself with showing that if the naysayer were right, he would have to be equally critical of something he presumably would not wish to be. This kind of argument has been developed into a fine art by my colleague Alvin Plantinga".

[49] A. Plantinga, *Warranted Christian belief*, Oxford U.P., Oxford, 2000, p. 170. Cf. também o texto inédito "Two dozen (or so) theistic arguments", disponível em www.homestead.com/philofreligion/files/theisticarguments.html; e ainda "Religion and Epistemology", in *Routledge Encyclopedia of Philosophy*, Routledge, London, 1998, vol. 8, p. 209-218, e "God, Arguments for the existence of", in *Routledge Encyclopedia of Philosophy*, cit., vol. 4, p. 85-93.

uma das mais refinadas versões modais do argumento ontológico e surpreendentemente chegou a propor o êxito de suas pesquisas epistemológicas, que implicam a irracionalidade de aceitar a metafísica naturalista, como versão da quinta via de Tomás.[50] A relação de Plantinga com a metafísica não é definida, portanto, somente por sua metafísica da modalidade, documentada de modo particular por *The Nature of Necessity* e pelos ensaios reunidos em *Essays in the Metaphysics of Modality*,[51] e também pela referência ao teísmo no contexto de sua epistemologia e na problemática conexa com a teologia natural. Para Plantinga, a união do naturalismo com a teoria da evolução na perspectiva exclusiva do *naturalismo metafísico* é autodestrutiva. A inserção da evolução em um esquema metafísico puramente naturalista nos dá razão de duvidar que um dos escopos de nossos sistemas cognitivos seja em verdade o de nos proporcionar crenças verdadeiras, em vez da sobrevivência ou adaptação, e de duvidar que de fato eles nos proporcionem na maioria das vezes tais crenças. A epistemologia naturalista, unida à *metafísica naturalista*, pode levar ao ceticismo ou à violação dos cânones da racionalidade, mas unida ao *teísmo*, não leva a essas consequências destrutivas. O naturalismo em epistemologia floresce melhor no contexto do sobrenaturalismo em teologia ou metafísica.[52] Os argumentos aduzidos contra a coerência e a ra-

---

[50] A. Plantinga, *The Nature of Necessity*, cit., cap. 5; Id., *Warrant and Proper Function*, Oxford U.P., Oxford, 1993, p. 215, 235. Cf. M. Sudduth, "Reformed Epistemology and Christian Apologetics", in *Religious Studies*, XXXIX (2003), p. 299-321.
[51] A. Plantinga, *Essays in the Metaphysics of Modality*, ed. M. Davidson, Oxford U. P., Oxford, 2003.
[52] Cf. A. Plantinga, *Warrant: The Current Debate*, Oxford U.P., Oxford, 1993, p. 212-215; Id., *Warrant and Proper Function*, cit., p. V-VI, IX-X, 6, 13ss., 36, 46ss., 183, 194ss., 211, 215, 218, 235, 237 Cf. J. Beilby (ed.), *Naturalism Defeated?*, Cornell U. P., Ithaca-London, 2002.

cionalidade do naturalismo metafísico podem ser lidos como uma contribuição posterior de Plantinga à teologia natural.[53] Como sugeri em outro lugar, é a mesma preocupação filosófica central de Plantinga, a epistemologia, que o conduz no terreno da metafísica e da crítica ao naturalismo metafísico, o qual não só se opõe ao teísmo, mas também acaba opondo-se às próprias exigências do naturalismo em epistemologia, tornando aberto o caminho para o ceticismo como a hipótese mais provável, e tornando problemática toda forma de garantia epistêmica. Nessas bases, como indiquei acima, o tema epistemológico da "função apropriada", em relação com os mecanismos de produção de crenças verdadeiras, das quais "não há nenhuma análise naturalista correta", torna-se a base de um argumento teísta de tipo finalista semelhante à quinta via tomista.[54] A oposição metafísica entre teísmo e naturalismo se torna crucial.

3. A natureza e a existência de Deus. Conclusão

O conceito de "teologia filosófica" nem sempre é entendido do mesmo modo. Por exemplo, para R. M. Adams, a teologia fi-

---

[53] J. F. Sennett, "Introduction. The Analytic Theist: An Appreciation", in Id. (ed.), *The Analytic Theist*, cit., p. XVII.

[54] M. Micheletti, *Filosofia analitica della religione,* cit., p. 100-101, 105. A minha interpretação de Plantinga foi reproposta por A. Babolin, "Alvin Plantinga: metafisica e teologia naturale", in *Rivista di Filosofia Neo-scolastica,* XCVI (2004), p. 425-439. Cf. também A. Plantinga, "Respondeo", in J. L. Kvanvig (ed.), *Warrant in Contemporary Epistemology,* Rowman & Littlefield Publishers, Lanham, Boulder, New York, London, 1996, p. 357: "There is no correct naturalistic analysis of proper function". Sobre Plantinga, cf. agora G. C. Di Gaetano, *Alvin Plantinga,* Morcelliana, Brescia, 2006.

losófica é a parte da filosofia da religião que se ocupa principalmente de Deus, e nesse sentido engloba a própria teologia natural, porque se ocupa também da existência e da natureza de Deus, além de nossa relação com Deus, e de questões análogas.[55] De modo semelhante, para A. Kenny, ela se identifica com a filosofia da religião entendida em sentido amplo e consiste na aplicação às questões teológicas de métodos próprios da filosofia, compreendendo não só a teologia natural, mas também o exame filosófico da coerência de doutrinas propostas com base em uma tradição religiosa e no conteúdo de uma dada revelação histórica. Para Thomas V. Morris, o âmbito da teologia filosófica é definido melhor pela análise conceitual a respeito da ideia de Deus, dos atributos divinos, da relação de Deus com o tempo e assim por diante, através da aplicação das técnicas e dos métodos filosóficos aos principais conceitos e às pressuposições e doutrinas da teologia.[56] Para Plantinga, a teologia filosófica é a disciplina que mira a uma reflexão sobre as doutrinas centrais da fé cristã na perspectiva da filosofia e de seus recursos intelectuais (nesse sentido, as provas da existência de Deus entram melhor no campo da apologética "positiva").[57] Para N. Kretzmann a teologia filosófica, *enquanto distinta da teologia natural,* consiste no esclarecimento analítico

---

[55] R. M. Adams, *The Virtue of Faith and other Essays in Philosophical Theology,* Oxford U. P., New York-Oxford, 1987, p. 4.
[56] T. V. Morris, *Our Idea of God,* University of Notre Dame Press, Notre Dame-London, 1991, p. 16.
[57] Cf. A. Plantinga, "Christian Philosophy at the End of the Twentieth Century" [1995] e "Afterword" [1998], in J. F. Sennett (ed.), *The Analytical Theist,* cit., p. 339-340, 353, 356. N. Wolterstorff, *Che cosa ha reso possibile la teologia filosofica nella tradizione analitica,* cit., p. 464, observa que "muita teologia filosófica é uma teologia anselmiana e não uma metafísica-teologia".

e argumentativo e na defesa dos artigos da fé (dever ao qual se dedicam hoje muitos filósofos da religião).[58]

Na perspectiva definida neste ensaio, gostaria de me limitar a algumas considerações esquemáticas sobre os estudos analíticos a respeito da natureza e da existência de Deus e indicar somente as vias mais originais seguidas na re-elaboração dos argumentos clássicos pela existência de Deus. Uma característica que gostaria de pôr em relevo é o tratado independente, muitas vezes reservado aos atributos divinos. Não falta, certamente, a consciência da posição tomista, que subordina e une a questão dos atributos à da demonstração da existência de Deus. Brian Davies, por exemplo, nega que a atitude que leva ao tratado independente dos dois temas seja sustentável, contestando que se possa determinar racionalmente a natureza de Deus sem fazer referência às razões para se crer em sua existência. As razões que podem ser aduzidas em apoio à tese de Tomás foram discutidas por G. J. Hughes.[59] Creio que, na atitude prevalente aqui criticada, pese a preocupação analítica tradicional pela coerência de um conceito como condição necessária para sua possível exemplificação ou o costume de considerar uma asserção existencial como equivalente da asserção a respeito da exemplificação de propriedades ou de conceitos. T. V. Morris observa que todos os argumentos demonstrativos da existência de Deus dizem respeito à exemplificação de uma concepção mais ou menos definida da divindade, e James F. Harris destaca que a coerência dos atributos que constituem o conceito de Deus é fundamental para o teísmo, porque a aceitabilidade do teísmo deve começar pelo teísmo do conceito

---

[58] N. Kretzmann, *The Metaphysics of Theism,* cit., p. 25.
[59] B. Davies, "Introduction", in Id. (ed.), *Philosophy of Religion. A Guide and Anthology,* cit., p. 393; G. J. Hughes, *The Nature of God,* cit., p. 13-14.

de Deus.⁶⁰ *The God of the Philosophers*, de Anthony Kenny, é justamente um exame desse gênero, conduzido sobre a onisciência, a presciência e a onipotência de Deus, cujo resultado é que o conceito de Deus da teologia natural é incoerente e por isso não suscetível de ser exemplificado na realidade (de modo que deve haver necessariamente um erro nos argumentos que estabelecem a existência divina).⁶¹ A maior parte da filosofia analítica recente chegou à conclusão oposta. Charles Taliaferro explica a enorme quantidade de escritos dedicados recentemente ao tema dos atributos divinos e a peculiar dificuldade em mostrar a incoerência do teísmo, fazendo referência à flexibilidade ou elasticidade da metafísica do teísmo, em particular às convicções teístas a respeito da perfeição de Deus e ao impacto que elas têm na metodologia seguida para a solução de alguns problemas relativos aos atributos divinos.⁶²

O processo seguido por E. Stump e M. J. Murray para disporem as contribuições sobre a teologia natural, reunidas no volume deles dedicado à filosofia da religião, é indicativa da orientação geral. Eles começam pela questão relativa à natureza de Deus, e não pelos argumentos pró ou contra a existência de Deus, porque eles julgam importante pôr em foco o conhecimento do objeto da pesquisa antes de considerarem os debates sobre sua existência. O primeiro tipo de indagação consiste no exame dos atributos

---

[60] T. V. Morris (ed.), *The Concept of God*, cit., p. 1-2; J. F. Harris, *Analytic Philosophy of Religion*, Kluwer, Dordrecht, 2002, p. 77.
[61] A. Kenny, *The God of the Philosophers*, cit., p. 3ss., 121-122. Cf., para uma visão oposta a essa, a célebre contribuição de R. Swinburne, *The Coherence of Theism*, Clarendon Press, Oxford, 1977.
[62] C. Taliaferro, "The Possibility of God. The Coherence of Theism", in P. Copan e P. K. Moser (eds.), *The Rationality of Theism*, cit., p. 248.

que foram tomados como dotados de importância primária nas tradições teístas, com a finalidade de verificar tanto a *coerência* de *cada um* daqueles atributos, como sua *compatibilidade recíproca*. Uma vez exploradas as questões relativas à natureza de Deus, passa-se para a questão da existência de Deus.[63]

O tratado mais sistemático dos atributos divinos é talvez o de Wierenga em *The Nature of God*. Usando todos os recursos intelectuais oferecidos pela recente filosofia analítica, Wierenga chega a estabelecer a coerência e a compatibilidade de atributos como a onipotência, a onisciência e a presciência divinas (sem exclusão da liberdade do agir humano), a eternidade, a intemporalidade e a imutabilidade (propriedades distintas, mas correlatas entre si), a bondade essencial (nesse contexto Wierenga defende uma versão forte da tese da teoria ética dos mandamentos divinos).[64] Os atribu-

---

[63] E. Stump e M. J. Murray (eds.), *Philosophy of Religion: The Big Questions,* Blackwell, Oxford, 1999, *General Introduction,* p. XI.
[64] E. R. Wierenga, *The Nature of God. An Inquiry into Divine Attributes,* cit., p. 235: "In the course of this book we have examined a variety of divine attributes. We have seen that omnipotence can be defined in a way that allows the limitations on ability recognized by classical theism to be compatible with omnipotence and that can be defended against philosophical objections. Omniscience, as we have seen, is knowledge of all truths, and it extends to knowledge *de re* and *de se*. Moreover, omniscience includes foreknowledge, and there is no reason to fear that foreknowledge restricts human free action. And omniscience includes middle knowledge, as seems to be required by the doctrine of divine providence and the Free Will Defense. Eternity, timelessness, and immutability are closely related but distinct properties; and although it has become controversial to ascribe them to God, it is a mistake to think that facts about God's knowledge or his action require abandoning them. In addition, God is good, and arguments against his impeccability and essential goodness ought to be rejected. Finally, the thesis that morality depends upon the commands of God can be given a strong formulation and defended against the objections often thought to refute it". Cf. A. Plantinga, "Does God Have A Nature?" [1980], in J. F. Sennett (ed.), *The Analytic Theist,* cit., p. 225-257.

Apêndice – O Renascimento da Teologia Natural na Filosofia Analítica 115

tos divinos mais discutidos na filosofia analítica são precisamente os da onipotência, especialmente em relação aos assim chamados "paradoxos" da onipotência,[65] a onisciência, em relação com a voluntariedade das ações e com a liberdade humana e com o problema da presciência divina (também com discussões em torno da *scientia media*[66]), a simplicidade (a distinção fregeana [de Frege] entre *Sinn* e *Bedeutung* ["sentido" e "significação"] permite a P. Geach e a

---

[65] Cf. W. L. Savage, "The Paradox of Omnipotence", in *The Philosophical Review*, LXXVI, (1967), p. 74-79. Cf. N. Pike, "Omnipotence and God's Ability to Sin", in *American Philosophical Quarterly*, VI (1969), p. 208-216; P. Geach, "Is God Omnipotent?" [1973], in S. M. Cahn e D. Shatz (eds.), *Questions about God*, Oxford U.P., Oxford, 2002, p. 9-17; T. V. Morris, *Our Idea of God*, cit., p. 65-81; J. Hoffman e G. Rosenkrantz, "Omnipotence", in P. L. Quinn e C. Taliaferro (eds.), *A Companion to Philosophy of Religion*, cit., p. 229-235; L. Moonan, "Omnipotence", in B. Davies (ed.), *Philosophy of Religion. A Guide to the Subject*, cit., p. 80-86. Cf. também W. L. Rowe, "Divine Power, Goodness, and Knowledge", in W. J. Wainwright (ed.), *The Oxford Handbook of Philosophy of Religion*, cit., p. 15-34.

[66] N. Pike, "Divine Omniscience and Voluntary Action", in *The Philosophical Review*, LXXIV (1965), p. 27-46; R. M. Adams, "An Anti-Molinist Argument", in J. E. Tomberlin (ed.), *Philosophical Perspectives, 5, Philosophy of Religion*, p. 343-353; T. P. Flint, *Middle Knowledge and the Doctrine of Infallibility*, ibid., p. 373-393; E. Stump e N. Kretzmann, *Prophecy, Past Truth, and Eternity*, ibid., p. 395-424; G. J.; Hughes, "Omniscience", in B. Davies, (ed.), *Philosophy of Religion. A Guide to the Subject*, cit., p. 86-94; G. I. Mavrodes, "Omniscience", in P. L. Quinn e C. Taliaferro (eds.), *A Companion to Philosophy of Religion*, cit., p. 236-242; B. Gnassounou, "Omniscience divine et futurs contingents", in S. Bourgeois e Gironde, B. Gnassounou, R. Pouivet (eds.), *Analyse et Théologie*, Vrin, Paris, 2002, p. 53-77. Cf. também W. L. Craig, *The Problem of Divine Foreknowledge and Future Contingents from Aristotle to Suarez*, Brill, Leiden, 1988; Id., *Divine Foreknowledge and Human Freedom*, Brill, Leiden, 1990. T. P. Flint, *Divine Providence: The Molinist Account*, Cornell U.P., Ithaca-London, 1998.; W. Hasker, *God, Time and Knowledge*, Cornell U.P., Ithaca-London, 1989; Id., "A New Anti-Molinist Argument", in *Religious Studies*, XXXV (1999), p. 291-297; R. M. Adams, "Middle Knowledge and the Problem of Evil", in *American Philosophical Quarterly*, XIV (1997), p. 109-117; A. Freddoso, "Introduction", L. de Molina, *On divine Foreknowledge*, Cornell U.P., Ithaca-London, 1988.

E. Stump sustentar que, embora todas as designações dos atributos divinos sejam idênticas quanto à referência, não são, todavia, sinônimos, mas se diferenciam quanto ao sentido),[67] a eternidade (Swinburne e Wolterstorff defendem, de modos diferentes, uma concepção "temporal" da eternidade, ao passo que a versão mais influente da tese boeciana da intemporalidade em âmbito analítico é talvez a de E. Stumnp e N. Kretzmann, que se valem de modo original, em nível metafísico do conceito de simultaneidade).[68]

Não é fácil identificar um esquema que permita enquadrar de modo suficientemente unitário as principais contribuições analíticas para a elaboração dos argumentos teístas. Geralmente se reconhece que, embora um argumento válido não seja fundamento suficiente para se crer em uma determinada conclusão, a não ser que haja razões para se crer em suas premissas, não há razão para se julgar sistematicamente que as premissas dos argumentos pela existência de Deus sejam ininteligíveis ou falsas;

---

[67] B. Davies, *Classical Theism and the Doctrine of Divine Simplicity*, in Id., (ed.), *Language, Meaning and God*, Chapman, London, 1987, p. 51-74; N. Wolterstorff, "Divine Simplicity", in J. E. Tomberlin, (ed.), *Philosophical Perspectives*, 5, *Philosophy of Religion*, cit., p. 531-552; D. B. Burrell, "Simpleness", in B. Davies (ed.), *Philosophy of Religion. A Guide to the Subject*, cit., p. 70-75. Para o uso da distinção entre "sentido" e "referência", cf. P. T. Geach, *Aquinas*, cit., p. 122-123; E. Stump, "Simplicity", in P. L. Quinn e C. Taliaferro (eds.), *A Companion to Philosophy of Religion*, cit., p. 250-256.

[68] P. Helm, *Eternal God. A Study of God without Time*, Oxford U. P., Oxford, 1988; Id., "Eternality", in B. Davies (ed.), *Philosophy of Religion. A Guide to the Subject*, cit., p. 75-79; N. Wolterstorff, "God Everlasting", in C. Orlebeke e L. Smedes (eds.), *God and the Good*, Eerdmans, Grand Rapids, 1975, p. 181-203; E. Stump e N. Kretzmann, "Eternity" [1981], in B. Davies (ed.), *Philosophy of Religion. A Guide and Anthology*, cit., p. 505-518; B. Leftow, "Eternity", in P. L. Quinn e C. Taliaferro (eds.), *A Companion to Philosophy of Religion*, cit., p. 257-263. Cf. também N. Wolterstorff, "Does God Suffer?" [1998] e W. Hasker, "Does God Change?" [1994], in S. M. Cahn e D. Shatz (eds.), *Questions about God*, cit., p. 111-136, 137-145. Cf. N. Pike, *God and Timelessness*, Routledge & Kegan Paul, London, 1970.

elas podem ser inteligíveis e verdadeiras.[69] Haldane sugere uma distinção fundada no tipo de tradição filosófica de referência. No volume que contém sua importante discussão com J. J. C. Smart sobre *Atheism & Theism,* no qual ele defende o teísmo com base em seu "tomismo analítico", depois de notar que a forte defesa do teísmo cristão de Swinburne segue a filosofia "moderna", cartesiana e pós-cartesiana, e não a tradição aristotélico-tomista, Haldane chega à conclusão de que "enquanto os "modernos" são maioria entre os filósofos teístas no âmbito analítico, o neoaristotelismo não deixa de ter representantes", e menciona as obras de Braine e Miller, que recordei acima, e o livro de William Charlton, *Philosophy and Christian Belief,* sugerindo, todavia, também a compatibilidade com o teísmo tomista dos escritos do wittgensteiniano Fergus Kerr.[70] O esquema tem, porém, um valor limitado, seja porque às vezes formulações medievais e modernas dos argumentos (em particular do cosmológico) são usadas no mesmo contexto, seja porque, por exemplo, o próprio Swinburne, cuja teologia natural em sentido próprio se inspira só marginalmente no projeto de Tomás de Aquino (do qual contesta, em particular, o caráter dedutivo das provas), chega a conclusões sobre o tema geral das relações entre fé e razão que seguem, como ele mesmo se exprime, "na maioria das vezes o espírito do Aquinate",[71] e, mesmo considerando mais convincentes as provas de Leibniz e Clarke, ele

---

[69] Cf. P. T. Geach, "Fallacy and Proof and the Rationality of Religion", in *Sophia* XIII (1974), N. 2, P. 1-4.
[70] J. Haldane, *Atheism and Theism,* cit., p. 222, 224. Cf. W. Charlton, *Philosophy and Christian Belief,* Sheed & Ward, London, 1988; F. Kerr, *Theology after Wittgenstein,* Blackwell, Oxford, 1986.
[71] R. Swinburne, *Faith and Reason,* Clarendon Press, Oxford, 1981, p. 102.

se afasta delas de modo significativo, na medida em que elas também se apresentam como argumentos válidos dedutivamente.[72] Peter Geach tinha expressado anteriormente um ponto de vista mais favorável aos argumentos dedutivos, opondo-se a condenações gerais e sistemáticas, diferentes, todavia, daquela posteriormente argumentada especificamente por Swinburne (para o qual a união das premissas com a negação da conclusão *não* produz uma contradição, mas uma improbabilidade mais ou menos acentuada. Swinburne não põe em discussão a *validade* formal daqueles argumentos, mas a possibilidade de que as premissas sejam geralmente compartilhadas). Depois de ter negado que as teses humianas sobre a causalidade tornam impossíveis as demonstrações causais e as provas dedutivas da existência de Deus, Geach tinha observado a respeito dos argumentos de Tomás de Aquino:

> Pelo menos as três primeiras das cinco "vias" logicamente desejavam ser conclusivas e talvez, depois de uma oportuna re-elaboração, efetivamente o sejam. Os argumentos gerais contra o uso da dedução... podem ser refutados do modo mais fácil; pode-se estabelecer se as primeiras três "vias" são bons argumentos só as tomando em exame, não as incluindo em alguma condenação geral.[73]

Os instrumentos conceituais usados por Swinburn são os oferecidos pelos recentes desenvolvimentos da lógica indutiva e da teoria da confirmação. Para Swinburne, o argumento cosmológico comporta uma escolha radical entre o universo e Deus

---

[72] Id., *The Existence of God,* cit., p. 118-120. Cf. Id., "Un nouveau programme en théologie naturelle", in *Analyse et Théologie,* cit., p. 81-93.
[73] P. Geach, *God and the Soul,* cit., p. 77.

como ponto de chegada no processo explicativo. A existência do universo não é metafisicamente necessária, mas, como quer Leibniz, requer uma explicação. A existência do universo é problemática e enigmática: ele pode tornar-se compreensível somente se se supuser que ele é efeito da ação divina, suposição que postula uma explicação mais simples do que a da existência de um universo incausado. Na determinação da força de um argumento proveniente dos fenômenos e que chega à existência de Deus, exerce um papel crucial a avaliação da probabilidade de seu verificar-se na ausência de um ato de Deus. O teísta põe em relevo que a existência do universo, *à diferença de Deus,* não poderia dar-se sem causa. Na discussão do argumento teleológico, desenvolvido em termos de probabilidade, Swinburne reconhece que Hume tem razão em recordar que é uma possibilidade lógica que esse universo ordenado seja um mero acidente entre as disposições casuais da matéria eterna, mas a questão é se tal eventualidade é muito *provável.* Naturalmente, o apelo ao acaso para explicar a ordem se torna tanto menos *plausível* quanto maior for a ordem. A estrutura mais plausível do argumento, que se subtrai às críticas humianas e darwinianas, é a que se refere à operação de leis naturais, isto é, à regularidade da *sucessão,* e que mostra que não pode haver outra explicação possível para tal operação, se não a atividade de uma divindade, e indica em qual medida tal hipótese é confirmada com base na evidência. Considerado do ponto de vista de argumento por analogia, ele sublinha as semelhanças entre as regularidades de sucessão produzidas pelo homem e as que constituem as leis da natureza, ao passo que o adversário do argumento sublinha as dessemelhanças. Swinburne nota, em todo caso, que o grau de sustentação do qual goza a conclusão de um argumento por analogia não depende só das semelhanças entre os tipos de evidência, mas também do grau no qual a teoria que decorre dela torna a explicação dos dados de fato empíricos mais simples e coerente. No caso do argumento *from design,* a conclusão tem um efeito imensamente simplificador sobre a explicação dos fenômenos naturais. De resto, mesmo que as dessemelhanças fossem tão relevantes que tornassem o argumento um mau argumento indutivo de certo tipo, aquele no qual as premissas tornam a conclusão provável, todavia ele ainda seria um bom argumento indutivo de outro gênero, aquele no qual as premissas confirmam a conclusão, no sentido de que a tornam mais provável do que seria de outro modo. A existência de ordem no universo aumenta de maneira significativa a probabilidade da existência divina. Swinburne não se limita a examinar e formular argumentos de tipo cosmológico e teleológico, mas também argumentos que provêm da consciência, da moralidade, do milagre, da revelação e da experiência religiosa. Inspirando-se, como também Basil Mitchell entre os filósofos analíticos, na obra de Butler, *The Analogy of Religion* (1736), Swinburne defende o caráter *cumulativo* dos argumentos em favor da existência de Deus.[74]

Haldane, inspirando-se muito na estrutura do pensamento de Tomás de Aquino, em particular nas três primeiras vias e na quinta, mesmo que com grande liberdade e originalidade, sustenta que a reflexão sobre a existência do mundo e sobre as mentes humanas capazes de compreendê-lo, apreciá-lo e agir nele, leva à conclusão de que existe uma causa imaterial, inteligente e incausada da realidade. A série das causas eficientes não pode ser autoexplicativa, nem são aceitáveis os argumentos aduzidos

---

[74] R. Swinburne, *The Existence of God,* cit., p. 1-3, 7ss., 13ss., 19ss., 32, 46ss, 70ss, 92ss., 103ss., 128ss., 136ss. Cf. B. Mitchell, *The Justification of Religious Belief,* Macmillan, London, 1973.

como sustentação da contingência bruta. Na perspectiva de um decidido realismo epistemológico e metafísico, as questões da "dependência existencial e causal" podem encontrar reposta somente se reconhecendo uma Causa primeira da existência do universo. Os argumentos teleológicos antigos e novos acrescentam à conclusão do argumento cosmológico a hipótese de que a Causa do mundo seja também uma fonte de regularidade e de ordem, e de que os argumentos desenvolvidos a partir do pensamento conceitual e da atividade intencional contribuam ulteriormente para se definir, à maneira tomista, as características essenciais da divindade, na medida em que elas são racionalmente acessíveis.[75]

O mérito de William L. Craig foi o de ter fornecido não só uma acurada reconstrução histórica do argumento cosmológico, mas também uma interessante tipologia das diversas formas que ele pode assumir com sua clara distinção entre o tipo leibniziano e o tipo tomista, e entre este e o assim chamado argumento *kalam*. Os problemas que se referem ao argumento leibniziano são o *status* do princípio de razão suficiente e a natureza do ser necessário, ao qual ele chega, ao passo que os concernentes à forma tomista de argumento são o *status* da distinção essência/existência e a pressão do argumento do regresso infinito. Craig distingue, todavia, o argumento tomista do assim chamado "argumento *kalam*" (proveniente dos teólogos islâmicos medievais da escola *kalam*), cuja validade defende dedutivamente.[76] Com efeito, a forma que boa parte da discussão corrente a respeito do argumento cosmológico tomou é a que se concentra no prin-

---

[75] J. J. Haldane, *Atheism and Theism,* cit., p. 87, 140, 149-150, 196, 199.
[76] W. L. Craig, *The Cosmological Argument from Plato to Leibniz,* Macmillan, London-Basingstoke, 1980, p. 282-295.

cípio de razão suficiente.[77] Reichenbach reformulou em âmbito analítico o tipo de argumento cosmológico que se move da existência de um ser contingente e chega justamente à conclusão de que deve existir um ser necessário para dar uma razão suficiente da existência de seres contingentes.[78] Rowe observou, contudo, que, embora a melhor formulação desse argumento, a que é fornecida em época moderna por Samuel Clarke, seja formalmente correta, existem dúvidas sobre sua premissa fundamental, uma vez que o princípio de razão suficiente, a única razão dada para a refutação da ideia de que todo ser pode ser um ser dependente está exposto a sérias objeções, mesmo em sua forma restrita.[79] Para Craig, o argumento *kalam* evita as questões concernentes ao regresso infinito das causas, evitando ao mesmo tempo o recurso ao princípio de razão suficiente e sustentando explicitamente a impossibilidade de um regresso *temporal* infinito (enquanto diferentemente do lógico, de causas eficientes ordenadas essencialmente): um infinito atual é impossível e, portanto, o tempo passado deve ser considerado finito. Tanto o raciocínio filosófi-

---

[77] J. F. Harris, *Analytic Philosophy of Religion,* cit., p. 124.
[78] B. R. Reichenbach, *The Cosmological Argument. A Reassessment,* Charles C. Thomas, Springfield, 1972, p. 20-21. Cf. Id., "Explanation and the Cosmological Argument", in M. L. Peterson e R. J. VanArragon (eds.), *Contemporary Debates in Philosophy of Religion,* Blackwell, Malden-Oxford, 2004, (reimpressão 2005), p. 97-114; R. M. Gale, *Why Traditional Cosmological Arguments Don't Work, and a Sketch of a New One that Does,* Ibid., p. 114-130.
[79] W. L. Rowe, "The Cosmological Argument and the Principle of Sufficient Reason", in *Man and World,* I (1968), p. 278-292; Id., "Two Criticism of the Cosmological Argument" [1970], in J. Donnelly (ed.), *Logical Analysis and Contemporary Theism,* Fordham U.P., New York, 1972, p. 20-40; Id., *The Cosmological Argument,* Princeton U. P., Princeton, 1975; Id., "Cosmological Arguments", in P. L. Quinn e C. Taliaferro (eds.), *A Companion to Philosophy of Religion,,* cit., p. 331-337; A. R. Pruss, "A Restricted Principle of Sufficient Reason and the Cosmological Argument", in *Religious Studies,* XL (2004), p. 165-179.

co como a evidência científica demonstram, segundo Craig, que o universo começou a existir. Toda coisa que começa a existir deve ter uma causa que a leve à existência. Por isso, o universo deve ter uma causa. A análise filosófica revela que essa causa deve ter ao menos alguns dos principais atributos teístas. Craig pensa que existam boas razões para se acreditar que cada uma dessas passagens seja verdadeira. Em particular, os argumentos filosóficos de confirmação da segunda premissa são o argumento da impossibilidade de um número de coisas atualmente infinito e o argumento da impossibilidade de formar com um acréscimo progressivo uma coleção de coisas atualmente infinita.[80]

O argumento tomista fundado na distinção entre essência e existência foi revivido em particular por Braine e Miller. No tipo de argumento proposto por Braine, ele estabelece em um só ato tanto a imediateza de Deus às criaturas, dependentes de Deus quanto a sua existência, como o abismo que separa a criatura de Deus quanto ao modo de existir. Braine não recorre ao princípio de razão suficiente, mas segue a abordagem de Tomás ao procurar uma causa no sentido de um agente causal que exerça um poder ativo e ao argumentar que o que Deus causa é a existência das coisas em sua natureza. Deus só existe intrinsecamente e com absoluta necessidade.[81] A formulação mais original do argumen-

---

[80] W. L. Craig, "Philosophical and Scientific Pointers to Creatio ex Nihilo" [1980], in R. D. Geivett e B. Sweetman (eds.), *Contemporary Perspectives on Religious Epistemology*, cit., p. 185-200; W. L. Craig, *The Cosmological Argument*, cit., p. 112-131; Id., *Reasonable Faith*, Crossways, Wheaton, 1994, p. 91-100; S. W. Wallace (ed.), *Does God Exist? The Craig-Flew Debate*, Ashgate, Aldershot, 2003. Cf. também A. R. Pruss e R. M. Gale, "Cosmological and Design Arguments", in W. J. Wainwright (ed.), *The Oxford Handbook of Philosophy of Religion*, cit., p. 116-137.
[81] D. Braine, *The Reality of Time and the Existence of God*, cit., p. 23-24; Id., *Cosmological Arguments*, cit., p. 49.

to da contingência em âmbito analítico é talvez a que foi proposta por Barry Miller em *From Existence to God,* que, mesmo se inspirando em Tomás de Aquino, tem o mérito de confrontar-se decisivamente com os adversários modernos e contemporâneos do argumento, pondo em foco a legitimidade e a propriedade da *pergunta* sobre de que tem ele origem, e respondendo a essa pergunta sem recorrer ao princípio de razão suficiente.[82]

O surpreendente reaparecimento do argumento ontológico na filosofia analítica mereceria um tratado à parte. O capítulo conclusivo de meu longínquo trabalho sobre *O problema teológico na filosofia analítica,* eu o dediquei às primeiras fases da discussão sobre esse argumento, discussão suscitada pelas posições de J. N. Findlay, mas sobretudo pela reformulação em chave modal, por Norman Malcolm, do argumento proposto por Anselmo em *Proslogion III.* Uma atualização desse capítulo deveria justificar, sobretudo, a contribuição fundamental, que já tive ocasião de recordar, fornecida por Plantinga, a partir de *The Nature of Necessity* (1974, no qual ele sustenta que, aplicando-se a esse argumento a lição aprendida sobre os mundos possíveis, é possível atingir uma compreensão mais clara de sua estrutura e reconhecer que ao menos uma versão da prova ontológica constitui um bom argumento.[83]

---

[82] B. Miller, *From Existing to God. A Contemporary Philosophical Argument,* cit., p. X, 1ss., 151ss, 174.
[83] A. Plantinga, *The Nature of Necessity,* cit., p. 197, 213-221; Id., *God, Freedom and Evil,* cit. p. 85-112; Id., *God, Arguments for the existence of,* cit., p. 88-89. Para uma recente defesa do argumento ontológico, cf. S. T. Davis, "The Ontological Argument", in P. Copan e P. K. Moser (eds.), *The Rationality of Theism,* cit., p. 93-111. Cf. as observações de P. van Inwagen, "Ontological Arguments", in B. Davies (ed.), *Philosophy of Religion. A guide to the subject*, cit., p. 54-58; P. E. Oppenheimer, "On the Logic of the Ontological Argument", in J. E. Tomberlin (ed.), *Philosophical Perspec-*

Entre os outros temas aos quais os filósofos analíticos da religião se aplicam com maior intensidade, conexos mais ou menos diretamente com questões de teologia natural, eu mencionaria o problema do mal (o exame em particular dos argumentos antiteístas que derivam dele, ou argumentos *dedutivos*, centrados na *incompatibilidade lógica* entre Deus e o mal, ou argumentos de tipo *evidencial*, voltados para mostrarem a *improbabilidade* da realidade divina[84]), perspectivas positivas de

---

tives, 5, *Philosophy of Religion*, cit., p. 509-529; G. Oppy, *Ontological Arguments and Belief in God*, Cambridge U.P., Cambridge, 1996. Cf. M. Micheletti, *Il Problema teologico nella filosofia analitica*, vol., II: *Lo status logico nella credenza religiosa*, La Garangola, Padova, 1972, cap. V. Cf. S. Bourgeois-Gironde, *L'argument ontologique*, e F. Nef, "Perfection divine et propriétés positives", in *Analyse et Théologie*, cit., p. 31-52; p. 95-124; B. Leftow, "The Ontological Argument", in W. J. Wainwright (ed.), *The Oxford Handbook of Philosophy of Religion*, cit., p. 80-115.

[84] Para a origem da discussão recente sobre o problema lógico do mal, cf. J. L. Mackie, "Evil and Omnipotence", in *Mind*, LXIV, (1955), p. 200-212; H. J. McCloskey, "God and Evil", in *The Philosophical Quarterly*, X (1960), p. 97-114; N. Pike, "Hume on Evil", in *The Philosophical Review*, LXXII (1963), p. 180-197. Para o problema empírico ou evidencial, cf. W. Rowe, "The Problem of Evil and Some Varieties of Atheism", in *American Philosophical Quarterly*, XVI (1979), p. 335-341; W. P. Alston, "The Inductive Argument from Evil and the Human Cognitive Condition", in J. E. Tomberlin (ed.), *Philosophical Perspectives,* 5, *Philosophy of Religion*, cit., p. 29-67; R. Glauser, "Le problème du mal et les perspectives de l'argument empirique contre l'existence de Dieu", in *Analyse et Théologie*, cit., p. 163-181; D. Howard-Snyder-M. Bergmann-W. L. Rowe, "An Exchange on the Problem of Evil", in W. L. Rowe (ed.), *God and the Problem of Evil*, Blackwell, Oxford, 2001, p. 124-158. Sobre o tema do mal, cf. J. Hick, *Evil and the God of Love*, Macmillan, London, 2ª ed., 1977; R. Swinburne, *Providence and the Problem of Evil*, Clarendon Press, Oxford, 1998; M. M. Adams-R. M. Adams (eds), *The Problem of Evil*, Oxford U. P., Oxford, 1990; Cf. também W. L. Rowe, "Ruminations about Evil", in J. E. Tomberlin (ed.), *Philosophical Perspectives,* 5, *Philosophy of Religion*, cit., p. 69-88. P. van Inwagen, *The Problem of Evil, the Problem of Air, and the Problem of Silence*, ibid., p. 135-165; G. E. Ganssle, "God and Evil", in P. Copan e P. K. Moser (eds.), *The Rationality of Theism*, cit., 259-277; C. Michon, "Une théodicée analytique est-elle possible?", in *Analyse et Théologie*, cit., p. 183-207; William L. Rowe,

teodiceia e questões filosóficas conexas com a diversidade e a pluralidade das religiões.

Minhas observações podem dar somente uma imagem parcial da riqueza das discussões analíticas sobre as provas da existência de Deus. Em um quadro completo eu deveria não só aprofundar as razões que estão atrás das argumentações que assinalei, mas também recordar as novas formulações dadas, por exemplo, do argumento teleológico (em particular as versões fundadas no delicadíssimo *"fine tuning"* das constantes cosmológicas), do argumento moral e do argumento tirado da experiência religiosa.[85] Para os objetivos deste ensaio, creio ter fornecido elementos suficientes para se reconhecer, *do ponto de vista historiográfico,*

Evil is Evidence against Theistic Belief, e D. Howard e Snyder e M. Bergmann, "Evil Does Not Make Atheism More Reasonable than Theism", in M. L. Peterson e R. J. VanArragon (eds.), *Contemporary Debates in Philosophy of Religion,* cit., p. 3-13, 13-25; P. van Inwagen, "The Problem of Evil", in W. J. Wainwright (ed.), *The Oxford Handbook of Philosophy of Religion,* cit., p. 188-219.

[85] Cf. R. Collins, *The Teleological Argument,* e também P. Copan, *The Moral Argument,* e R. D. Geivett, *The Evidential Value of Religious Experience,* J. P. Moreland, "The Argument from Connciousness", in P. Copan e P. K. Moser (eds.), *The Rationality of Theism,* cit., p. 132-148, 149-174, 175-203, 204-220; M. Wynn, *God and Goodness. A Natural Theological Perspective,* Routledge, London-New York, 1999; Id., "Design Arguments", in B. Davies (ed.), *Philosophy of Religion, A Guide to the Subject,* cit., p. 59-64; L. L. Garcia, "Teleological and Design Arguments", in P. L. Quinn-C. Taliaferro, (eds.), *A Companion to Philosophy of Religion,* cit., p. 339-344; N. A. Manson (ed.), *God and Design,* Routledge, London, 2003; A. O'Hear, *Experience, Explanation and Faith,* Routledge & Kegan Paul, London, 1982; C. F. Davis, *The Evidential Force of Religious Experience,* Clarendon Press, Oxford, 1989; M. C. Bagger, *Religious Experience. Justification and History,* Cambridge U. P., Cambridge, 1999; W. P. Alston, "Religious Experience Justifies Religious Belief", in M. L. Peterson e R. J. VanArragon (eds.), *Contemporary Debates in Philosophy of Religion,* cit., p. 135-145; E. Fales, *Do Mystics See God?,* Ib., p. 145-158; J. J. Gellman, "Mysticism and Religious Experience", in W. J. Wainwright (ed.), *The Oxford Handbook of Philosophy of Religion,* cit., p. 138-167.

que a filosofia analítica deu uma contribuição decisiva para o renascimento daquela parte da metafísica constituída pela teologia natural. O passo seguinte é o de empenhar-se de modo direto nessa disciplina, participando ativamente do debate intelectual em curso e esclarecendo com mais precisão o fundo metafísico no qual ele se move, o do contraste crescente entre a metafísica do teísmo e as versões contemporâneas do "naturalismo perene",[86] com todas as implicações que ele comporta também em relação aos outros setores da indagação filosófica.

---

[86] Cf., sobre este ponto, C. Taliaferro, *Contemporary Philosophy of Religion,* Blackwell, Oxford, 1998, cap. 10: "Theism and Naturalism". Cf. também P. Draper, *God, Science and Naturalism,* W. J. Wainwright (ed.), *The Oxford Handbook of Philosophy of Religion,* cit., p. 272-303, e os ensaios reunidos em W. L. Craig-J. P. Moreland (eds.), *Naturalism. A Critical Analysis,* London-New York, 2000 (reimpresso 2002).

Índice Remissivo dos Nomes

Adams M. McCord, 71, 125 n. 84
Adams R. M., 110, 110 n. 55, 115 n. 65, 125 n. 84
Alston W. P., 60, 60 n. 18, 62, 62 n. 22, 90 n. 20, 91, 99, 125 n. 84, 126 n. 85
Anscombe G. E. M., 11-12, 12 n. 4, 13-14, 18, 18 n. 15, 20, 31, 31 n. 13-14, 42 n. 38, 69, 71, 71 n. 10, 72, 72 n. 11, 73, 73 n. 12, 75 n. 15, 84 n. 4, 94, 94 n. 25, 97 n. 30, 101
Anselmo d'Aosta, 48, 95 n. 27, 102, 124
Appelros E., 84 n. 4
Aristóteles, 11-13, 39, 46, 59, 74, 76, 82 n. 2, 85, 101
Audi R., 49 n. 8, 84 n. 5
Austin J. L., 12-13

Babolin A., 110 n. 54
Bagger M. C., 126 n. 85
Barth K., 105-106

Beilby J., 109 n. 52
Bergmann M., 125 n. 84
Bernardi W., 12 n. 4
Berti E., 82, 82 n. 2, 85
Bianchi C., 82 n. 2
Biggar N., 67 n. 1
Black M., 99 n. 34
Black R., 67 n. 1
Bocheński J., 18
Bottani A., 82 n. 2
Bourgeois-Gironde S., 45 n. 1, 115 n. 66, 125 n. 83
Braine D., 19, 54, 55 n. 5, 59, 60 n. 17, 85-86, 86 n. 8, 89, 92-93, 93 n. 22, 97 n. 30, 100, 100 n. 36, 117, 123, 123 n. 81
Brown S. C., 102 n. 41
Brüntrup G., 95 n. 27
Burrell D. B., 58 n. 12, 65 n. 27, 116 n. 67
Butler J., 120
Byrne P., 83, 83 n. 4, 84, 84 n. 4, 87 n. 11

Cahn S. M., 98, 99 n. 33, 115 n. 65, 116 n. 68
Calvino G., 46, 49, 106
Cappell T., 70
Charlton W., 117, 117 n. 70
Clarke S., 117, 122
Collins R., 126 n. 85
Colvert G. T., 41 n. 35
Copan P., 90 n. 20, 97 n. 31, 113 n. 62, 124 n. 83, 125 n. 84, 126 n. 85
Copleston F. C., 43 n. 39
Craig W. L., 97, 97 n. 31, 115 n. 66, 121, 121 n. 76, 122, 122 n. 80, 123, 123 n. 80, 127 n. 86
Cross R., 54, 54 n. 4
Cuypers S. E., 34 n. 18

D'Agostini F., 19 n. 20, 65 n. 27, 85 n. 7
Daly C. B., 36, 36 n. 23, 89, 89 n. 16
Davidson M., 109 n. 50
Davies B., 18-19, 21 n. 23, 36, 36 n. 22, 37, 38 n. 27, 47, 47 n. 5, 57, 57 n. 10, 58 n. 11-12, 65 n. 27, 93, 93 n. 24, 94 n. 25, 96, 97 n. 30, 112, 112 n. 59, 115 n. 65-67, 116 n. 68, 124 n. 83, 126 n. 85

Davis C. F., 126 n. 85
Davis S. T., 59, 59 n. 15, 81 n. 1, 95, 95 n. 27, 96, 97 n. 29, 124 n. 83
De Anna G., 7 n. 1, 22 n. 27, 53, 53 n. 2
Descartes R., 29, 33, 35, 46
Diamond C., 42 n. 38
Di Blasi F., 57 n. 1
Di Gaetano G. C., 106 n. 45, 110 n. 54
Donagan A., 13
Donnelly J., 122 n. 79
Draper P., 127 n. 86
Drewnowski J., 18
Dummett M., 84 n. 4
Dunne M., 15 n. 11, 63 n. 24, 84 n. 4
Duns Scot, 85

Everitt N., 61, 61 n. 21, 92 n. 21

Fabro C., 35
Fales E., 126 n. 85
Findlay J. N., 124
Finnis J., 67, 67 n. 1-2, 69, 70
Fitzpatrick F. P., 35, 36 n. 21
Flew A., 87, 87 n. 10, 88 n. 12, 123 n. 80
Flint T. P., 115 n. 66

Índice Remissivo dos Nomes

Foot P., 20, 70-71, 73 n. 13, 75-76, 76 n. 16-17, 77, 77 n. 22, 78
Frankel E., 67 n. 1
Freddoso A., 115 n. 66
Frege G. 16, 17 n. 14, 28, 40, 54, 95 n. 27, 115

Gale R. M., 83 n. 4, 122 n. 78, 123 n. 80
Galvan S., 86 n. 8
Ganssle G. E., 184 n. 84
Garcia L. L., 126 n. 85
Geach P. T., 11, 12 n. 4, 13-14, 17, 17 n. 14, 18, 18 n. 15, 19, 25-26, 26 n. 1, 27-28, 28 n. 5-6, 29, 29 n. 7-8, 30-31, 32 n. 15, 35, 56, 67 n. 1, 71, 73, 73 n. 13, 74-75, 75 n. 15, 83, 84 n. 4, 89, 96, 96 n. 27, 96 n. 30, 101, 115, 115 n. 65, 116 n. 69, 118, 118 n. 73
Geivett R. D., 93 n. 24, 99 n. 33, 123 n. 80, 126 n. 85
Gellman J. J., 126 n. 85
George R. P., 67 n. 1, 71
Gilson É., 18, 35, 42, 43 n. 39
Glauser R., 125 n. 84
Gnassounou B., 45 n. 1, 115 n. 66
Gormally L., 75 n. 15

Greco J., 106 n. 46
Grisez G., 13, 67 n. 1, 70

Haldane J., 7 n. 1, 9, 9 n. 1, 10-11, 11 n. 2-3, 12-13, 13 n. 5-6, 13 n. 8, 14, 14 n. 9-10, 15, 15 n. 11-12, 18-20, 34 n. 18, 38, 39 n. 30, 40 n. 32, 51-53, 53 n. 1, 54, 54 n. 3-4, 55 n. 5, 56, 57 n. 8, 58, 58 n. 13, 59, 59 n. 16, 63, 63 n. 25, 64 n. 26, 65 n. 27, 67 n. 2, 70, 70 n. 8, 71, 83 n. 4, 84 n. 6, 86, 88 n. 14, 89, 93, 94 n. 25, 100, 100 n. 35, 117, 117 n. 70, 120, 120 n. 75
Hamlyn D. W., 82 n. 2
Hare R. M., 74, 74 n. 14
Harris J. F., 112, 112 n. 60, 121 n. 77
Hart H., 105 n. 44
Hasker W., 21, 21 n. 24, 115 n. 66, 116 n. 68
Heidegger M., 100
Heimbeck R. S., 87, 87 n. 11
Helm P., 64 n. 26, 65 n. 27, 84 n. 5, 116 n. 68
Hertzberg L., 101 n. 38
Hick J., 102 n. 41, 125 n. 84
Hoffman J., 115 n. 65
Honderich T., 11 n. 3

Howard-Snyder D., 125 n. 84
Hudson W. D., 74 n. 14
Hughes C., 19, 19 n. 20, 65 n. 27, 85, 85 n. 7, 100 n. 37
Hughes G. J., 95, 95 n. 27, 96 n. 27, 97 n. 28, 112, 112 n. 59, 115 n. 66
Hume D., 54, 87, 89, 93-94, 94 n. 25, 95, 97, 98 n. 32, 119, 125 n. 84
Husserl E., 40

Jacobs J., 55, 55 n. 6, 56, 56 n. 7
Jenkins J., 65 n. 27

Kant I., 83, 83 n. 3, 90, 92 n. 21, 93, 94, 95 n. 27, 97, 98 n. 32
Kanzian C., 86 n. 8
Kenny A., 7 n. 1, 12, 12 n. 4, 13-14, 17-18, 18 n. 15, 19, 22 n. 25, 31, 31 n. 13, 32-34, 34 n. 18, 35, 35 n. 19, 36 n. 21, 57, 57 n. 9, 58 n. 12, 61, 61 n. 20, 65 n. 27, 83-84, 84 n. 5, 92 n. 21, 98, 98 n. 32, 100, 100 n. 35, 111, 113, 113 n. 61
Kerr F., 7 n. 1, 39, 40, 40 n. 31-32, 42 n. 38, 58 n. 12, 100, 100 n. 37, 117 n. 70

Kim J., 47 n. 4, 106 n. 46
Knight K., 68 n. 5
Koistinen T., 83 n. 3-4, 101 n. 38
Kretzmann N., 14, 17, 18, 18 n. 15, 19, 21 n. 23, 22 n. 25, 36 n. 21, 60 n. 19, 61, 61 n. 20, 62, 62 n. 23, 65 n. 27, 84, 84 n. 5, 88 n. 13, 90 n. 20, 91, 106 n. 47, 111, 111 n. 58, 115 n. 66, 116, 116 n. 68
Kripke S., 83
Kvanvig J. L., 110 n. 54

Lamont J., 55 n. 6
Lee P., 14, 14 n. 10
Leftow B., 116 n. 68, 125 n. 83
Lehtonen T., 83 n. 4, 101 n. 38
Leibniz G. W., 85, 117, 119, 121 n. 75
Lisska A. J., 22, 22 n. 26
Locke J., 35, 46, 48-49, 54
Long E. T., 83 n. 4

McCabe H., 36-37, 37 n. 24, 38, 38 n. 27-28, 57-58, 58 n. 11-12
McCloskey H. J., 125 n. 84
MacDonald S., 20, 21 n. 23, 22 n. 25

Índice Remissivo dos Nomes

McDowell J., 12
McEvoy J., 15 n. 11, 63 n. 24, 84 n. 4
McInerny R., 14, 19, 32, 43 n. 39, 71, 108 n. 48
MacIntyre A., 9, 13, 17, 38, 38 n. 28, 63 n. 24, 68, 68 n. 3-5, 69, 69 n. 6, 70, 87 n. 10
Mackie J. L., 61, 61 n. 21, 92, 92 n. 21, 125 n. 84
Malcolm N., 15 n. 12, 101-102, 102 n. 41, 124
Manson N. A., 126 n. 85
Maritain J., 18
Martin C. F. J., 9 n. 1, 34 n. 18, 55 n. 6, 65 n. 27, 71, 75 n. 15
Massaro D., 12 n. 4
Matthews G. B., 22 n. 25
Mavrodes G. I., 115 n. 66
Messner R., 99 n. 33
Micheletti M., 7 n. 1, 8 n. 8, 12 n. 4, 43 n. 39, 65 n. 27, 70 n. 8, 84 n. 4, 85 n. 7, 86 n. 9, 88 n. 15, 103 n. 42, 110 n. 54, 125 n. 83
Michon C., 58, 58 n. 14, 125 n. 84
Miller B., 59, 69 n. 16, 89, 94, 95 n. 26-27, 96 n. 27, 100 n. 37, 117, 123, 123 n. 82, 124

Miller F. D., 67 n. 1
Mitchell B., 120, 120 n. 74
Molina L. de, 115 n. 66
Moonan L., 115 n. 65
Moore G. E., 74
Moreland J. P., 126 n. 85, 127 n. 86
Morris T. V., 90 n. 19, 111, 111 n. 56, 112, 112 n. 60, 115 n. 65
Moser P. K., 90 n. 20, 97, n. 31, 113 n. 62, 124 n. 83, 125 n. 84, 126 n. 85
Murphy M. C., 69 n. 6
Murray M. J., 113, 113 n. 63

Nagel T., 12
Nef F., 125 n. 83
Nielsen K., 90 n. 19

O'Callaghan J. P., 40-41, 41 n. 33, 41 n. 35, 42 n. 36-37
Oderberg D. S., 65 n. 27, 71
O'Hear A., 126 n. 85
Oksenberg Rorty A., 12 n. 4
Oppenheimer P. E., 124 n. 83
Oppy G., 124 n. 83
Orlebeke C., 116 n. 68

Pasnau R., 55 n. 6
Paterson C., 65 n. 27

Paul J., 67 n. 1
Pears D., 12
Peterson M. L., 122 n. 78, 126 n. 84-85
Phillips D. Z., 49 n. 8, 81 n. 1, 101-102, 102 n. 40, 103, 103 n. 42, 104, 104 n. 43
Pike N., 115 n. 65-66, 116 n. 68, 125 n. 84
Pinborg J., 17, 18 n. 15, 36 n. 21, 84 n. 5
Plantinga A., 46, 46 n. 2-3, 47, 47 n. 4, 48, 49 n. 7, 56, 87, 87 n. 11, 90, 90 n. 19-20, 93 n. 24, 95 n. 27, 96, 99, 99 n. 34, 105, 105 n. 44, 106, 106 n. 45-46, 107, 107 n. 47-48, 108, 108 n. 48-50, 109, 109 n. 51-52, 110, 110 n. 54, 111, 111 n. 57, 114 n. 64, 124, 124 n. 83
Platão, 12, 54
Porter J., 67 n. 1
Pouivet R., 18, 18 n. 16-18, 19-20, 20 n. 21, 31-32, 32 n. 16, 45, 45 n. 1, 85 n. 7, 115 n. 66
Pruss A. R., 83 n. 4, 122 n. 79, 123 n. 80
Pugh M. S., 65 n. 27
Putnam H., 22 n. 27, 52-53, 53 n. 2

Quine W. V. O., 55-56, 96
Quinn P. L., 43 n. 39, 96, 115 n. 65-68, 122 n. 79, 126 n. 85

Ramsay H., 20, 20 n. 22, 42 n. 38, 71
Ramsey F; P., 42
Ramsey I. T., 89 n. 16
Reichenbach B. R., 122, 122 n. 78
Reid T., 46
Rhees R., 15 n. 12, 42 n. 38, 101-102, 102 n. 40
Richardson H., 71
Richter D., 73 n. 12
Rosenkrantz G., 115 n. 65
Ross W. D., 73, 73 n. 13, 74
Rowe W. L., 115 n. 65, 122, 122 n. 79, 125 n. 84
Runggaldier E., 86 n. 8
Russell B., 28, 95 n. 27, 96 n. 27
Ryle G., 12, 12 n. 4, 13, 39

Salamucha J., 18, 114 n. 65
Savage W. L., 114 n. 65
Sennett J. F., 46 n. 3, 90 n. 20, 109 n. 53, 111 n. 57, 114 n. 64
Shanley B. J., 15-16, 16 n. 13, 17, 17 n. 14
Shatz D., 115 n. 64, 116 n. 68

Smart J. J. C., 9 n. 1, 59 n. 16, 94 n. 25, 117
Smedes L., 116 n. 68
Sobel J. H., 61 n. 21, 92 n. 21
Sobociński B., 18
Solomon D., 69 n. 6
Sosa E., 47 n. 4
Stone M. W. F., 67 n. 1
Stump E., 18, 21 n. 23, 22 n. 25, 47-48, 48 n. 6, 65 n. 27, 69, 84, 84 n. 5, 113, 113 n. 63, 115 n. 65, 116, 116 n. 67-68
Sudduth M., 109 n. 50
Sweetman B., 93 n. 24, 99 n. 33, 123 n. 80
Swinburne R., 62-63, 63 n. 24, 81 n. 1, 83, 93, 93 n. 23, 94, 95 n. 26, 113 n. 61, 116-117, 117 n. 71, 118, 118 n. 74, 119-120, 125 n. 84

Tacelli R. K., 95 n. 27
Taliaferro C., 43 n. 39, 96 n. 27, 113, 113 n. 62, 115 n. 65-66, 116 n. 67-68, 122 n. 79, 126 n. 85-86
Tessin T., 81 n. 1, 90 n. 19
Teuwsen R., 36 n. 22
Theron S., 16 n. 13, 17 n. 14
Tomás de Aquino (S.), 7, 7 n. 1, 10-16, 16 n. 13, 17-23, 25-42, 45-49, 51-60, 60 n. 18, 61-63, 63 n. 24, 65 n. 27, 67, 69-75, 75 n. 15, 76-79, 84-85, 87, 96, 96 n. 27, 97, 98 n. 32, 101, 109, 112, 117-118, 120, 123-124
Tomberlin J. E., 106 n. 45, 115 n. 66, 116 n. 67, 124 n. 83, 125 n. 84

Urmson J. O., 12, 12 n. 4

VanArragon R. J., 122 n. 78, 126 n. 84-85
Van der Hoeven J., 105 n. 44
Van Inwagen P., 89 n. 18, 124 n. 83, 125 n. 84, 126

ÍNDICE

Prefácio 7

Capítulo Primeiro
O "tomismo analítico": sua origem e seus objetivos..................... 9

Capítulo Segundo
O "tomismo wittgensteiniano" 25

Capítulo Terceiro
Tomás de Aquino na "epistemologia reformada" 45

Capítulo Quarto
Do realismo epistemológico e metafísico à teologia natural 51

Capítulo Quinto
Ética 67

Conclusão 79

Apêndice
O renascimento da teologia natural na filosofia analítica 81
    1. Metafísica, filosofia da religião, teologia natural 81
    2. As objeções à teologia natural 91
    3. A natureza e a existência de Deus. Conclusão 110

Índice Remissivo dos nomes 129